TANNIE POMPIE SE OORLOG

in die Driehoek van die Dood

Deon Lamprecht

Tafelberg

Eerste uitgawe in 2015 deur Tafelberg,
'n druknaam van NB-Uitgewers, 'n afdeling van Media24 Boeke (Edms.) Bpk.
Heerengracht 40, Kaapstad
www.tafelberg.com
Kopiereg © Deon Lamprecht (2015)

Omslagontwerp: Mike Cruywagen
Boekontwerp: Firelight Studio
Proeflees: Sebastian Pistor
Kaarte: Camille Burger
Foto's: Met vergunning van Olivia Visser en
Riana van der Westhuizen, Deon Lamprecht
Voorbladfoto: Pompie van der Westhuizen (agter) en haar dogter, Olivia.
Agterblad: V.l.n.r. Pompie en Daantjie van der Westhuizen met
Roland de Vries.

Gedruk in Suid-Afrika

ISBN: 978-0-624-07524-0 (Tweede sagteband uitgawe 2015)
ISBN: 978-0-624-05419-1 (Eerste sagteband uitgawe 2015)
Epub: 978-0-624-05420-7
Mobi: 978-0-624-07239-3

Vir my seun, Sebastian

Inhoud

Hierdie boek is 'n unieke vertelling oor 'n verskeidenheid mense wat direk en diep deur die Grensoorlog geraak is. Tydens dié konflik het daar in die sogenaamde Driehoek van die Dood in die noorde van die destydse Suidwes-Afrika baie bloed gevloei.

Teen 1979 het die South West Africa People's Organisation (SWAPO) besluit om sy militêre operasies te verskerp en het hy daarin geslaag om jaarliks in die reënseisoen operasies in die plaasgebiede in Tsumeb, Otavi en Grootfontein uit te voer. 'n Paar SWAPO-vegters het in 1980 selfs daarin geslaag om die buitewyke van Windhoek te bereik.

Hierdie operasies het as die Winterspele bekend gestaan en is uitgevoer deur die sogenaamde Special Unit van SWAPO se People's Liberation Army of Namibia (PLAN). Hulle was goed opgeleide vryheidsvegters, maar het nietemin elke keer op hul herrie gekry. Tog het hulle daarin geslaag om groot ontwrigting met van hul terreurdade te saai. Talle lede van die veiligheidsmagte en plaaslike inwoners het in die proses die hoogste prys betaal.

Deon Lamprecht vertel onder meer van twee operasies wat in die kommersiëleplaasgebiede plaasgevind het – operasies Carrot en Yahoo – wat nie alombekend is in Suid-Afrika nie.

Hy het 'n uitsonderlike aanvoeling vir die menslike emosie agter elke verhaal. Hy vertel die verhale van gewone mense wat geen ander keuse gehad het as om deel te word van die oorlog wat hom binne die Driehoek van die Dood afgespeel het nie. Deon herskep die gebeure van daardie tyd op 'n dramatiese en aangrypende wyse, maar hy doen dit ook met groot omsigtigheid, begrip vir menswees en met deernis.

Ek kan die geleentheid goed onthou toe die idee om hierdie boek te skryf hom die eerste keer by Deon aangemeld het. Dit was op 'n besoek wat ek en 'n groepie militêre veterane in Oktober 2010 aan Tsumeb gebring het. Dit was deel van 'n slagveldtoer wat ons na Namibië en Suid-Angola onderneem het om ou vriende en basisse te besoek en herinneringe te deel. Deon het saamgekom as joernalis en het later 'n paar artikels oor ons besoek geskryf.

Ons het die aand om die kampvuur al die oudstrydrosse van die kontrei onthaal. Almal was oudkollegas en vriende van my: Lukas Nel, Ockert Brits, Alex Britz, Dave Keyser en Andy Weyand. Daar het ons met ontsag geluister na hul uitsonderlike verhale, wat die fondament van *Tannie Pompie se Oorlog* vorm.

Van die bloedigste gevegte tussen die Suid-Afrikaanse Weermag en die PLAN-vegters is ook in herinnering geroep, soos die hinderlaag waarin 'n Ratel-vegvoertuig op 15 April 1982 betrokke was naby Tsintsabis. Ek sal dié dag nooit vergeet nie, want ek was toe in bevel van 61 Gemeganiseerde Bataljongroep (oftewel 61 Meg), wat die leidende rol in die operasie gespeel het. Deon is as dienspligtige self by 61 Meg aangewend, slegs maande nadat die operasie in 1982 ten einde geloop het.

Agt van ons soldate is daardie dag deur 'n vlammehel verswelg toe die Ratel deur verskeie tenkafweergranate getref is. Oom Daan van der Westhuizen, tannie Pompie se man, hul skoonseun, Hendrik Potgieter, en hul Boesmanspoorsnyer Jan Kaka was onder die burgerlike vrywilligers wat in dieselfde Ratel gesterf het.

Tannie Pompie het self vir my oor haar radio die berigte oor die sterftes oorgedra na ons taktiese hoofkwartier, wat deur die nag by Tsintsabis gevestig was. Dit is een van die hartroerendste verhale in die boek.

Vir sy heldedade tydens die infiltrasies van 1981 en 1982 het Daan van der Westhuizen 'n Honoris Crux vir dapperheid gekry. Ek het die aanbeveling vir sy medalje tydens Operasie Yahoo in Mei 1982 geskryf. Ek het gereeld gewonder of tannie Pompie nie 'n soortgelyke dekorasie vir dapperheid en uitsonderlike diens moes gekry het nie – en nie net die sertifikate vir uitmuntende diens wat sy wel ontvang het nie.

Ek kon daardie aand in 2010 om die kampvuur vertel hoe ek Tsumeb, Otavi en Grootfontein se mense onthou het. Nie net as gerespekteerde militêre kollegas nie, maar ook as gewone huisvriende. Van die hegte band wat daar tussen die soldate en die plaaslike gemeenskap bestaan het.

Deon se verhaal oor burgerlikes en soldate se belewenis van die oorlog roer telkens die hartsnare en laat 'n mens se gemoed volskiet. Wie was hulle? Hulle was boere, vaders, moeders, kinders, burgermaglede van Suidwes-Afrika se plaaslike areamag-eenhede, 'n paar staandemaglede van die Suid-Afrikaanse Weermag en dienspligtiges wat nog bitter jonk was.

Wees gewaarsku, Deon se boek ontketen groot emosie! Dit laat jou onwillekeurig dink aan 'n ander stryd wat gewone mense – oud en jonk, wit en swart – tans in Suid-Afrika voer: die stryd teen geweldsmisdaad, 'n oorlog van terreur in 'n ander gedaante.

'n Mens kan nie anders as om diep na te dink as jy hierdie boek lees nie, ook oor die mense van Namibië wat destyds aan die stryd teen terreur deelgeneem het en vandag vrede kan beleef.

Wie het uiteindelik die Grensoorlog gewen?

Ek glo dis die mense wat vandag nog in plekke soos Tsumeb, Otavi en Grootfontein woon. Diegene wat uiteindelik die waarheid, bevryding en verligting beleef het soos wat dit in hierdie besonderse verhaal aan ons vertel word. Baie van hulle was destyds geswore vyande, maar vandag nie meer nie. 'n Oorlog van langer as 23 jaar het vir alle landsburgers van ons buurstaat 'n beter vorm van vrede geskep.

Hierin lê vir my 'n boodskap van hoop, ook vir ander lande in Afrika!

Roland de Vries

Generaal-majoor Roland de Vries (afgetree) is die voormalige bevelvoerder van 61 Gemeganiseerde Bataljongroep (1981– 1982) en voormalige adjunkhoof van die Suid-Afrikaanse Leër.

Inleiding

Een dag in Desember 1982 het 'n groot ystervoël my in 'n vreemde, nuwe wêreld uitgespoeg.

Soldate is vir min dinge so lief soos slaap, enige tyd, enige plek. Maak jou oë toe en kosbare minute of ure lank ontvlug jy uit die meedoënlose roetine van dril, opleiding om dood te maak, onderhoudswerk en inspeksies. Dié dag se drie uur lange vlug vanaf Pretoria na Suidwes-Afrika se operasionele gebied was 'n geskenk soos min. In die skemerdonker maag van die Hercules-vragvliegtuig, gesus deur die eentonige dreunsang van die motore, was dit soos om jou terug in die baarmoeder te bevind. Selfs die vliegtuig se bynaam, Flossie, het moederlik en gerusstellend geklink. Boetie gaan *Border* toe, al snorkende ...

Maar die drome van koue biere en warm meisies is alte gou onderbreek deur die harde stamp van die vliegtuig se wiele op die aanloopbaan. Die ystervoël se stert het oopgeknak om die verblindende lig van 'n woedende son binne te laat. Half aan die slaap en gebuk onder die gewig van gewere en rugsakke en *webbing* swaar gelaai met die bykomstighede van oorlog het ons 'n warm, wit landskap binnegesteier. Ons was hier: Grootfontein, die Suid-Afrikaanse Weermag se deurgangskamp vir vars troepe – "rowe" in die voertaal – onderweg na die arena van die Bosoorlog. En ook die vertrekpunt vir die oumanne op pad terug *States* toe ná 'n staatsvakansie in die bos, met komplimente van PW, Magnus en kie.

Daardie eerste nag nog, in ons bruin slaapsakke onder die blinkvet sterre van Suidwes, het ons met die waansin van die Grens kennis gemaak. 'n Kompanie oumanne, vol goedkoop *army*-bier en euforie omdat hulle huis toe gaan, het besluit die nuwelinge moet gedonner word om hulle behoorlik welkom te laat voel. 'n Gedruis van aanstormende stewels in die donker, krete en vloeke en vuiste wat klap teen vlees. Wie de hel is vriend en wie's vyand in hierdie plek? Maar ons was die seuns van Vrystaatse mynwerkers en Wes-Transvaalse boere en het uitgedeel so goed ons kry totdat die Militêre Polisie – *meat pies* in ons taal – die pret kom bederf het.

Die volgende oggend was daar seer koppe en blou kolle en ná *roll call* is pleisters en pille aan albei kante uitgedeel. Ons nou bedeesde aanvallers word deur die Flossie ingesluk vir die vlug suidwaarts en ons klouter agterop die oop metaalbakke van vragmotors vir die lang rit verder noord na Ovamboland.

Dié nuwe landskap was g'n tjoklitboksprentjie nie. Die reguit, skynbaar eindelose pad het soos 'n geweerloop na Angola se kwesbare buik gemik, omsoom met digte, vaalgroen doringbos reg om repe uit onverskillige arms te skeur. Dik, wit sand het die hitte van die son soos foelie opgesuig en weerkaats. Die metaalbak van die vragmotor was skroeiwarm gebak en die gewone grapmakers onder die negentienjarige seuns was stil. Styf teen mekaar gepak, met elmboë en geweerlope en die skerp kante van toerusting wat in ons sye en rûe grawe, is ons al hoe nader na die oorlog toe waarvoor ons die afgelope jaar gebrei is.

Die rit was 'n wakkerdroom van wiegende, swetende lywe en dobberende koppe. Ons is aan die oostekant van die Etosha-wildreservaat verby en nie baie verder nie het ons skielik links gedraai van die teer af, met 'n grondpad langs en deur 'n hek bewaak deur soldate. Daar was glimpe van wagtorings en bruin tente onder die bome en rye bonkige Ratel-vegvoertuie onder afdakke. Bevele is geskree en soldaatsakke is van die vragmotors afgegooi en troepe het afgespring en 'n wolk spierwit sand so fyn soos Johnson se babapoeier opgeskop wat op alles neergesif en dit moeilik gemaak het om te sien.

Ons was in Omuthiya, die operasionele basis van 61 Gemeganiseerde Bataljongroep, alombekend as 61 Meg. Tuiste van die Suid-Afrikaanse Weermag se belangrikste konvensionele ystervuis, geroem om sy aandeel aan talle operasies in Angola.

Dít sou die volgende nege maande my tuiste wees, weg van die stadsliggies en gerief van lugverkoelde winkelsentrums en kuierplekke en die reuk van parfuum en die sagte rondings van jong meisies in kleurvolle rokke. 'n Plek oorheers deur die hoekige, harde lyne van wapens en pantserstaal en die growwe tekstuur van seil, 'n afgeslote wêreld skynbaar gestroop van alle kleur behalwe die bruin van uniforms en tente en militêre voertuie en die groen van die bos. Waar die reuk van geweerolie en diesel en stof aan alles kleef.

Ek het daardie eerste dag op pad na die basis nie eens geweet ek is naby 'n dorpie met die naam Tsumeb verby nie.

As jong dienspligtiges was alles wat ons gedoen het – die nimmereindigende gevegsopleiding en gesprekke saans in die donker tente – gerig op die dag wat ons in Ratels deur die Angolese bos sou breek om die vyand in hul vestings aan te val. Noord, altyd verder noord, was die oorlog in ons koppe.

Maar daar was 'n ander oorlog aan die gang, veel nader aan ons as die een in Angola. Dit was die oorlog van die plaasboere en dorpenaars van Suidwes se sogenaamde

Driehoek van die Dood, waar gewone burgerlikes gereeld moes veg om hul huise en gesinne te verdedig teen SWAPO-guerrillas wat die streek binnegesypel het om dood en verskrikking te saai.

In hierdie oorlog was die helde nie net die dienspligtiges en staandemaglede uit Suid-Afrika nie. Soms was hulle plaaslike kommandovrywilligers, manne en vroue soos tannie Pompie van der Westhuizen en haar man, Daantjie, hul skoonseun Hendrik Potgieter, en hul Boesman-plaaswerkers soos Jan Kaka. Boere soos oom Lukas Nel en Dave Keyser en Reinhard Friederich, om maar 'n net paar te noem, moes tydens die SWAPO-infiltrasies hul gewone dagtake los om jagters van mense te word.

Hierdie boek is 'n nederige poging om hul storie te vertel. Dis ook die verhaal van die besonderse band tussen hierdie geharde Suidwesters en die Suid-Afrikaanse soldate van 61 Meg wat saam met hulle gelag en geveg en gesterf en gerou het.

En dis die verhaal van hul tuiste, die kopermyndorp en landbousentrum Tsumeb, wat deur die eeue heen so dikwels op die rand van 'n konflik geweifel het en soms met bloedige gevolge daarby ingesleep is: Ovambo teen San; Ovambo teen Duitser; Suid-Afrikaner teen Duitser … en eindelik ook die Bosoorlog.

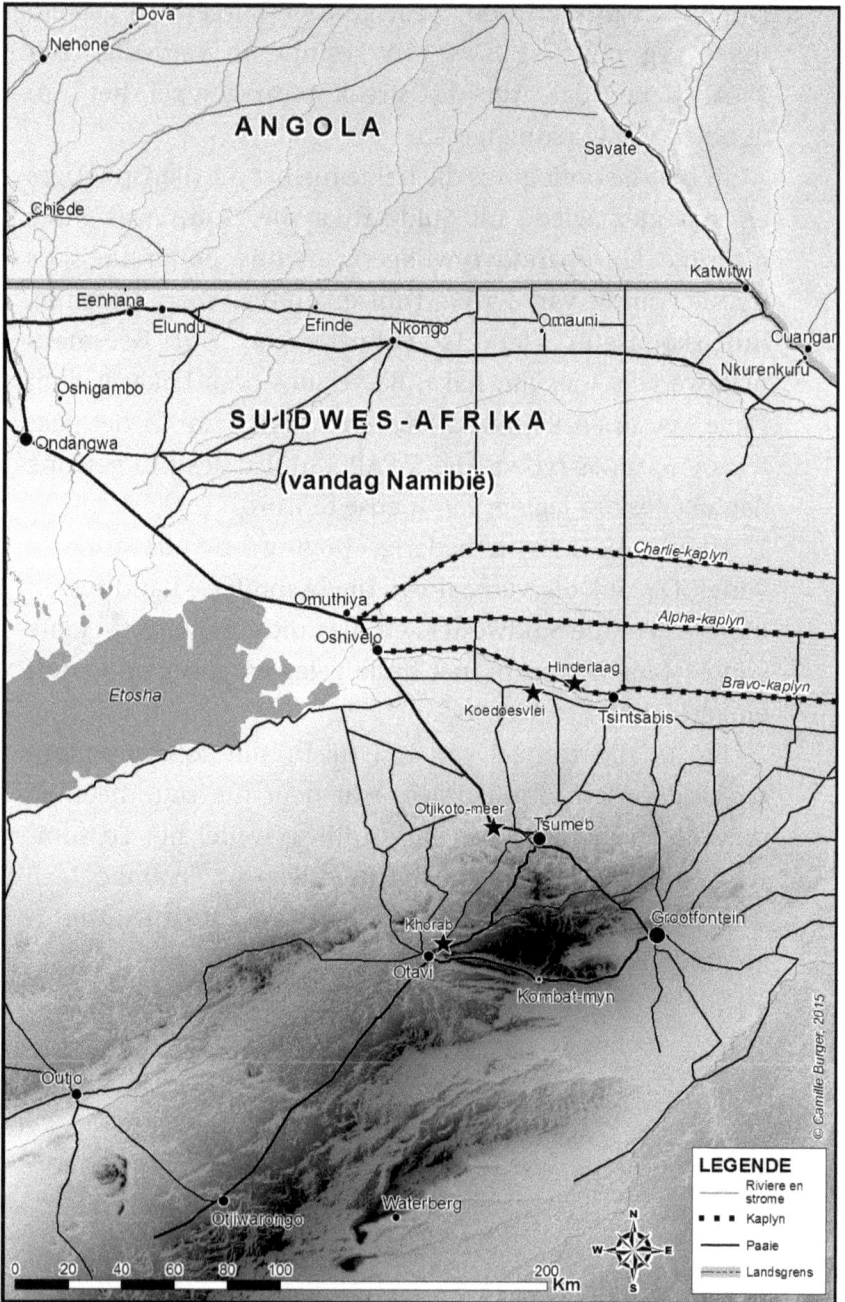

Map showing ANGOLA and SUIDWES-AFRIKA (vandag Namibië)

Places labelled: Dova, Nehone, Chiède, ANGOLA, Savate, Katwitwi, Eenhana, Elundu, Efinde, Nkongo, Omauni, Cuangar, Nkurenkuru, Oshigambo, Ondangwa, SUIDWES-AFRIKA (vandag Namibië), Omuthiya, Oshivelo, Etosha, Charlie-kaplyn, Alpha-kaplyn, Hinderlaag, Bravo-kaplyn, Koedoesvlei, Tsintsabis, Otjikoto-meer, Tsumeb, Khorab, Otavi, Grootfontein, Kombat-myn, Outjo, Otjiwarongo, Waterberg

© Camille Burger, 2015

LEGENDE
- Riviere en strome
- ▪ ▪ ▪ Kaplyn
- Paaie
- Landsgrens

0 20 40 60 80 100 200 Km

— 16 —

1 Winterspele 1982

Pompie van der Westhuizen was gewoond aan oorlog in haar ore.

Op die oog af was daar niks besonders aan dié boervrou van die plaas Koedoesvlei nie. Sy was 'n groot mens, so onopgesmuk en gestroop van tierlantyntjies soos die doringveld daar in die noordooste van Suidwes. Haar vormlose rokke het soos geblomde tente aan haar lyf gehang en haar donker haredos het selde die bederf van 'n haarkapster se vingers beleef.

Soos boervroue oral het sy baie tyd in die kombuis deurgebring. Maar haar hande was nie besig om deeg te knie vir 'n baksel vars beskuit of om wors te stop nie. Pompie was besig om 'n oorlog te baklei en haar plaaskombuis, sowat 80 km noordwes van die dorpie Tsumeb en naby Tsintsabis, was haar loopgraaf.

Wanneer die opkomende son die doringbos en makelanipalms van Boesmanland met onverwagse geweld rooi geverf het, het sy agter die militêre radio's ingeskuif wat tussen die potte en panne en ander kombuisgoed staangemaak was. Sy het een van die dag se vele sigarette opgesteek en dan die oorfone opgesit waardeur sy na 'n wêreld van brullende dieselenjins en stof en geweerskote en landmyne en bloed ingesuig is.

Pompie van der Westhuizen se rustige stem was bekend en bemind onder die manne wat die Bosoorlog baklei het, of hulle nou in die noorde van Suidwes of in die suide van Angola was. Haar naam was Rina, maar vir almal was sy doodeenvoudig "tannie Pompie". Hulle het hoog en laag gesweer niemand kon met 'n radio toor soos sý nie. As die weermag se eie seiners nie radioverbindings kon kry nie, was dit baiekeer háár stem wat na jou toe uitgereik het. As jy verdwaal het in die bos of in 'n skietgeveg nie jou makkers kon roep nie, het Pompie jou gehoor en gehelp.

Die oggend van 15 April 1982 was Pompie soos altyd vroeg op haar pos. Die werf was bedrywiger as gewoonlik. Olivia, Pompie se aantreklike dogter met die blonde krulhare, het met haar twee jong kinders van haar eie plaas in die kontrei na Koedoesvlei gekom. Twee jong dienspligtiges het die huismense oral op die werf agtervolg of net rondgesit of -gestaan.

Net die mans was nie daar nie. Daantjie, die baas van Koedoesvlei, en Olivia se man, Hendrik Potgieter, is na die Bravo-kaplyn net noord van Tsintsabis, waar die voetspore van 'n groep SWAPO-terroriste – lede van die South West Africa People's Organisation – gewaar is. Saam met hulle was Daantjie se getroue plaaswerker en legendariese spoorsnyer, Jan "Kaka" Kouswab. Die drie mans en nog twee Boesman-spoorsnyers, almal van Tsumeb se kommando, het hulle by 'n peloton soldate van 61 Meg onder bevel van kaptein Jan Malan aangesluit vir die soekoperasie.

Die mense van Koedoesvlei was al goed bekend met die roetine van die SWAPO-infiltrasies. Daar was meer mense op die werf as gewoonlik, want die plaaswerkers en hul gesinne het ook binne die veiligheidsomheining om die plaashuis saamgetrek. Die vroue se gewere was altyd naby, maar dít was ook nie vreemd nie.

In die kombuis het Pompie se vingers die radioknoppies liefderyk gedraai en gestreel terwyl sy deur die frekwensies swerf, haar ore gespits vir taal of tyding van die jag, oorgehaal om enige opdragte of versoeke tussen eenhede te herlei of voorvalle aan te meld. Sulke tye het die huismense suutjies in die beknopte ruimte tussen die groot staaltafel in die middel van die kombuis en Pompie se radiopos teen die muur verbygeskuifel, anders het hulle onder haar tong deurgeloop.

Net noord van die Bravo-kaplyn het Jan Kaka op die gepantserde neus van die Ratel gesit, sy oë stip op die stewelspore in die sand terwyl die vegvoertuig 'n pad deur die bos breek. Die Boesman se geoefende veldoog het hom vertel die spoor was minstens twaalf uur oud; die vyand was ver voor hulle ... Maar skielik het sy oë wyd gerek.

Dis mos 'n mens daar onder die bos ... En saam met die brandpyn van die AK47-koeëls in sy borskas het die besef gekom hy is geflous; die vyand is hiér. Nog voor die sand sy laaste lewensbloed kon opsuig, het die vuurpyle en geweergranate deur die Ratel begin skeur waarin Daantjie en Hendrik, hul oorblywende spoorsnyers en die 61 Meg-troepies was.

Net Pompie se liggaamshouding – die manier waarop sy al hoe verder vorentoe geleun het asof sy met haar groot lyf in die radio wil inkruip – het die ander huismense gewaarsku iets is aan die gebeur êrens in daardie wêreld waarheen sy alleen gaan. Sy het pas daardie woorde gehoor wat telkens die hele operasionele gebied tot stilstand ruk, asof die bos self asem ophou: "Kontak, kontak!" En soos so dikwels tevore was dit Pompie wat in haar bekende, rustige radiostem geantwoord het met 'n eenvoudige: "Kan ek iets vir jou deurgee, Kaptein?"

Jan Malan was net 'n paar honderd meter weg toe die verskriklike ontploffings en bap-bap-bap van die AK's sy hart laat tamboer het. Waar hy geweet het Daantjie-hulle se Ratel moes wees, het 'n swart rookwolk bo die digte bos gehang. Hy het oor sy voertuigradio na hulle geroep en geroep, maar niemand het geantwoord nie.

Deur die res van die bloed en chaos van daardie hinderlaag, die lang drama van helikopters wat ontbied is, die opvolg-skietgeveg met van die terroriste en die opruim van die toneel het Pompie op haar pos gebly en skynbaar onverstoord haar werk gedoen, rotsvas soos altyd. Alles gemonitor en boodskappe oor en weer herlei soos nodig. Net die sigarette wat sy die een ná die ander opgesteek het, het haar eie spanning verklap. Buite het Olivia die wasgoed opgehang, haar G3-aanvalsgeweer eenkant staangemaak en salig onbewus van die drama in haar ma se ore. Sy was soos altyd geïrriteerd met die troepie wat haar oral soos 'n persoonlike lyfwag gevolg het.

By die kaplyn, waar die ammunisie en diesel en rubber en olie binne-in die verwoeste Ratel steeds die vlamme gevoed het, het kaptein Jan Malan begin met die taak wat enige bevelvoerder vrees: om die name van die dooies en gewondes te rapporteer. Pompie het hulle die een ná die ander neergeskryf: nommer, rang, naam, eenheid ...

Elke nou en dan wou sy weet of haar man en

skoonseun veilig is, maar die antwoord het nie gekom nie. Net nog 'n nommer, rang, naam, eenheid, totdat daar vyf gesneuweldes op die vel papier voor haar was.

Naby die brandende Ratel het Jan hom gestaal en so kalm gesê as wat hy kon: "Pompie, en dis Daantjie en Hendrik en Jan Kaka ..."

Sy was 'n ruk stil voordat sy hom in haar rustige stem geantwoord het. "Toemaar, Kaptein, ek het heeltyd geweet." Toe, met agt name op haar voltooide lysie, het sy die ongevalleverslag aan 61 Meg se hoofkwartier deurgegee, insluitende die besonderhede van haar man en geliefde skoonseun en hul getroue spoorsnyer. Dit was eers toe die helikopter met die kapelaan aan boord buite die opstal land dat sy bereid was om haar radio's te verlaat.

Buite by die wasgoeddraad het Olivia flou geword toe sy eindelik ook die nuus van haar pa en man se dood hoor.

Dit was die begin van die Winterspele van 1982, soos die inwoners van die Driehoek van die Dood – die plaasgemeenskappe om Tsumeb, Otavi en Grootfontein – met galgehumor na die jaarlikse SWAPO-infiltrasies vanuit Angola verwys het. Maar hierdie jaar sou dit anders wees. Die distrik Tsumeb sou die bloedigste klompie dae in sy lang geskiedenis van konflik beleef.

2 Die Van der Westhuizens van Koedoesvlei

Sy kon dit kleintyd nooit verduur om weg te wees van haar pa nie. Baie jare later sou sy glo dis omdat sy heimlik geweet het hy sou eendag veld toe gaan en nie weer terugkom nie. Trauma kap mos sy eie onthoupaaie oop.

Riana van der Westhuizen se obsessie om altyd te weet waar haar pa is, het begin toe sy van die terroriste-ding bewus geraak het. Sy was seker sowat vyf, ses jaar oud toe die bekende wêreld van Koedoesvlei stadig maar seker begin anders lyk het. Die stekelrige soom van die doringbos is teruggekap om plek te maak vir 'n hoë veiligheidsheining rondom die opstal. 'n Groot nommer is op die dak van die huis geverf sodat dit vanuit die weermag se kletterende groen naaldekokers as die Van der Westhuizens se plek uitgeken kon word. Mans in bruin uniforms het begin kom en gaan.

Die plaas was nie meer net 'n plek van tamatielande en beeste so wild soos koedoes nie.

Sy het gaandeweg begin besef al die veranderinge op die plaas het iets met gevaar te make – 'n vormlose, gesiglose bedreiging wat uit die omringende bos kon opdoem. En daar was die stories oor 'n nag lank voor haar geboorte toe daar skote geklap het naby haar ouers se huis in die Oshikango-distrik, verder noord en nader aan die Angolese grens.

Maar vir eers was als vir haar 'n speletjie en Daantjie en Pompie het geglimlag wanneer hul jongste van vier kinders "toeriste" in plaas van "terroriste" gesê het.

Met haar donker hare kortgeknip soos 'n helm, was Riana haar ma se ewebeeld, maar haar pa se kind. Die lenige Daantjie het kop en skouers bo die meeste mans uitgetroon en in Riana se jong lewe was hy groter as lewensgroot. Hy was reguit in sy voorkeure en afkeure, het die humor in als raakgesien en kon jou slegsê op 'n manier wat jou laat glimlag. Pompie was die ernstige een van die twee. Maar sy kon 'n skurwe grappie vertel as sy die dag lus gehad het – soms tot die verleentheid van haar kind – omdat die radiowerk haar deel van 'n manswêreld gemaak het.

Daantjie en Pompie was 'n hegte eenheid, al het hulle uiteenlopende persoonlikhede gehad. Hulle het ontmoet en getrou in Grootfontein, waar Daantjie in die lugmag was. Toe hy die lugmag verlaat het vir 'n pos by SWANLA – die agentskap wat arbeiders gewerf het vir onder meer die diamantmyne in die suide van Suidwes – het sy werk vereis dat hy die noorde van die land deurkruis, van die Kaokoveld in die weste tot by Ovamboland in die middel en die Caprivi in die ooste. Hy is ook verskeie kere na afgeleë plekke verplaas, maar altyd het Pompie hom getrou bygestaan en ook die administratiewe sy van die werk vir SWANLA behartig. (Pompie het haar bynaam al op skool gekry. Haar ouboet is deur die ander kinders "Stompie" genoem, omdat hy kort was en toe word sy "Stompie se sussie, Pompie".)

Daantjie het gevorder tot SWANLA se interne inspekteur en ouditeur vir die ganse noordelike streek voordat hy teen 1967 blykbaar moeg geraak het om soveel te reis. Hul keuse vir 'n voetholte was Tsumeb, die welvarendste dorp in die noorde. Dáár het die twee saam 'n supermark bestuur.

Riana was die spreekwoordelike laatlam. Die oudste was Retha, in wie se kindergemoed die skietery daardie nag by haar ouerhuis naby Oshikango 'n durende angs gelaat het. Retha was 'n goeie sestien jaar ouer as Riana en het as jong bruid reeds die noorde van Suidwes met sy sluimerende terreurgevaar verlaat. Die tweede oudste was Olivia, sowat dertien jaar ouer as Riana, en dan boet Danie, 'n stuk of sewe jaar ouer as sy.

Dit was vroeg in die 1970's toe Daantjie besluit het hy is moeg vir die lewe van 'n salaristrekker en die plaas gekoop het, daar in die hoek gesny deur die paaie na Tsintsabis en Oshivelo. Die nuwe begin was nie maklik nie. Die beeste was wild en die veld ru. Die lang dae van bloedsweet om die beeskampe se draadheinings hoër en sterker te maak het hul spore op Daantjie se hande gelaat.

En dan was daar die berg skuld wat hy moes aangaan om die grond en beeste te koop, die draad wat gespan moes word. Daantjie se uiterlike rustigheid en humorsin het gewoonlik enige innerlike spanning oor die skuld en 'n bestaan sonder salaris verbloem. Maar soms het dit tog tot uitbarsting gekom, soos die slag toe hy hom vir Pompie vererg het omdat sy 'n stofsuier op skuld gekoop het.

Die twee van hulle het nooit op mekaar geskree wanneer hulle baklei het nie. Hulle het gepráát. Dan het Daantjie by die tafel in die middel van die kombuisvloer gesit en met die lepel in die suikerpot gekarring terwyl Pompie om en om die tafel loop. En soms het Pompie haar tas gepak en ook in die motor geklim wanneer dit tyd was om die twee jongste kinders terug te neem na die koshuis op Tsumeb, vasbeslote om by haar suster op dié kopermyndorp te gaan bly. Maar sy is altyd weer saam met Daantjie terug plaas toe nadat die kinders afgelaai is.

Daantjie was 'n gebore dorpsjapie van Kuruman in die Republiek, soos Suidwes se Afrikaners na Suid-Afrika verwys het. Maar sy skoonseun Hendrik Potgieter was 'n plaaskind van Boesmanland, so taai soos die doringbos in die Tsumeb-omgewing waar hy grootgeword het. Hy was 'n sterke derduiwel, met die oë en snor van 'n fotoboekieheld, wat onder die frangipaniboom op die werf 'n lang sny in sy eie voet met 'n naald en vislyn toegewerk het. Olivia met haar sterk wil het geluister as Hendrik die dag sy stem dik maak.

Vir Daantjie was hy soos 'n eie seun, altyd gereed om met raad en daad te help. Hulle kon lank oor die telefoon gesels oor die boerdery en ander dinge, al was Hendrik en Olivia se huis net 'n paar kilometer weg op die buurplaas, Rentia. En die twee mans sou 'n ander, sterker band ontwikkel – die soort wat in die hitte van die stryd gesmee word. Hulle sou saam die geweer opneem om hul gesinne en hul bure te beskerm wanneer die guerrillavegters van PLAN – die People's Liberation Army of Namibia, SWAPO se militêre vleuel – honderde kilometers ver geloop het om 'n bajonet in die ribbes van die boeregemeenskap te kom druk.

Die boere van die Tsumeb-omgewing was 'n hegte gemeenskap en kuiers met vriende en familie was daar baie in Koedoesvlei se kombuis, of tydens die oondwarm somerdae in die ronde sementdam net buite die huis. Die dam is binne 'n week deur Daantjie en Hendrik gebou. Háár swembad, het die jonge Riana aan almal verkondig.

Gedurende daardie luilekker dae van familiekuiers was Riana nog salig onbewus van die storm wat uit die noorde sou kom. Vir eers was daar tyd om saans die dubbelbedmatras uit die kamer tot in die sitkamer te sleep, sodat almal ingeryg kon lê en kyk na 'n video wat op Tsumeb gehuur is. Op sulke aande het Pompie brood gebak en die reuk daarvan het die huis gevul.

Vandag is dit vir Riana moeilik om die presiese oomblik of gebeurtenis vas te pen toe sy opgehou het om aan die terroriste-ding as net 'n speletjie te dink.

Miskien was dit toe haar ma saam met die ander vroue van die gebied opleiding begin kry het in dinge wat niks met die plaaslewe uit te waai gehad het nie. Of toe die radiomaste en antennas op Koedoesvlei se werf begin opskiet. Toe Pompie haar militêre radio's in die kombuis begin opstapel het en daarmee 'n deur oopgemaak het vir die vyand om die hart van hul gesinslewe te infiltreer.

Dit was later doodgewoon om haar ousus Olivia met die G3-aanvalsgeweer op die werf te sien rondloop. Ook Riana, in die geblomde dogtertjierokke wat deur Pompie gestik is, het geleer hoe om die knip van haar ma se Uzi-masjienpistool met sy stomp neus van veilig na enkelskoot of outomaties te skuif, teen haar skouer of blad vas te druk en na 'n denkbeeldige mens te korrel.

Riana het ook bewus begin raak van iets anders: Wanneer Pa die veld in is, was dit nie meer altyd net om veepos toe te gaan nie. Dan is Hendrik en die Boesman-spoorsnyers saam, in hul eenvormige bruin uniforms. Om ménse te gaan jag, nie koedoes nie. Mense wat oorgehaalde AK47-gewere in hul hande en landmyne op hul rug gedra het.

Op die vooraand van haar negende verjaarsdag was haar pa en swaer Hendrik weer in die bos, want die *terrs* was "in" en volgens die radioberigte sommer baie naby. In die hoek van die kombuis was daar 'n groot, swaar metaaltafel – die blad dik genoeg om 'n koeël te keer – wat Hendrik spesiaal gesweis het. As die huis aangeval word, moes die vroue die tafel op sy kant keer en met die kinders daaragter skuil. Die aand voor haar negende verjaarsdag het Riana en Olivia se klein Louis onder die tafel geslaap.

Die volgende dag het 'n helikopter op die plaas geland en haar pa het uitgeklim. Die terroriste se spore, het sy later gehoor, is by die beeskrip gekry, sowat 500 m van die huis af waar hulle water geskep het.

Dan was daar haar ma en dié se "groen monsters", die radio's. Die oorlog het Pompie geneem na 'n wêreld waarheen die ander huismense haar nie kon volg nie. Hoe meer sy haarself aan die radio's vasgeketting het, gehul in 'n waas van sigaretrook, hoe meer het sy haar aan die dinge van ma-wees onttrek. Selfs die stoof en kospotte het sy later meestal aan haar Boesman-huishulp, Haia, oorgegee terwyl sy dagin en daguit haar kommandosalaris verdien het.

Olivia, toe al 'n getroude vrou van in die twintig, met twee klein kinders, het haar eie manier gehad om dinge te hanteer wanneer sy op Koedoesvlei was. Sy het rustig en onverstoord haar gang gegaan. Vir die bloedjong Riana was dit nie so maklik nie. Sy wou 'n ma hê wat aan háár aandag gee, nie aan 'n troepie op die Bravo-kaplyn of 'n mortierseksie êrens in Angola nie. Maar dikwels was al wat sy van haar ma gekry het 'n uitgerekte "Sjjjt!" terwyl Pompie haar ore gespits het om die geknetter te vertaal en roepseine, ruitverwysings, logistieke aanvrae en vuurleidingsbevele neer te skryf.

As volwasse vrou sou Riana verstaan dat haar ma se toewyding aan haar radio's gedryf is deur die wete dat dit die verskil tussen lewe en dood vir soldate in die uitgestrekte operasionele gebied kon beteken – ook vir Daantjie en Hendrik. Maar as kind was haar reaksie daarop woede. Wanneer die oorfone afgehaal is, het ma en dogter soms soos kat en hond baklei. In hierdie bres in hul gesinslewe het Daantjie ingetree wanneer hy nie self op 'n operasie uit was nie. Hy was nie net boer, deeltydse soldaat en pa nie, maar soms ook ma.

Hierdie veelvuldige rolle wat hy gespeel het – en nie net die gevaar wanneer hy met militêre dinge doenig was nie – het veroorsaak dat Riana van haar kop af wou raak as sy nie geweet het waar haar pa is en wat hy doen nie. Naweke op die plaas móés sy hom sien, anders is sy te voet die veld in agter hom aan en moes Pompie een van die Boesmans stuur om op haar spore te loop en haar terug te bring.

Wanneer dit Sondagmiddae tyd was vir haar om terug te gaan koshuis toe op Tsumeb, moes haar pa haar terugvat. Was hy nie daar nie, het sy haar in die klein gaping tussen die vrieskas en die kombuiskas ingewurm en soos 'n tierkat baklei as iemand haar daar wou uithaal. Dan moes Pompie soms vir Daantjie oor die radio roep om te kom van waar hy ook al is. Op Tsumeb gekom, het Pompie in die kar bly sit terwyl Daantjie sy dogter se tas na haar kamer gedra en haar klere netjies in haar kas uitgepak het.

Weeksaande in die koshuis het Riana elke aand plaas toe gebel om met haar pa te praat. Sê Pompie vir haar Daantjie is net gou beeste toe, het sy geglo haar ma lieg, dat haar pa weer besig was om terroriste te jag en dat hulle nie wou hê sy moet weet nie.

En dit was in die koshuis, weg van die plaas en haar pa, waar sy die nuus sou kry wat haar jong lewe vir altyd sou verander.

3 Die Groen Heuwel

Die eerste groot ontploffing wat die aarde tussen die hedendaagse Grootfontein en Tsumeb geskud het, is nie deur 'n artillerieplofkop of landmyn veroorsaak nie. Dit is steeds nie mooi seker hoe dit gebeur het nie, want daar is geen menslike rekord van die dag of nag 80 000 jaar gelede toe 'n knoets yster en nikkel van 60 ton deur die atmosfeer bo Afrika gevlam en die grond met 'n Armageddonagtige impak getref het nie.

Soos baie ander dinge omtrent dié geharde en betowerende deel van die land wat ons vandag as Namibië ken, is die Hobas-meteoriet ietwat ongewoon. Met sy omvang van sowat 3 m lank, 3 m breed en 2 m hoog is dit die grootste stuk hemelrots wat nog op die Aarde gevind is. Die ouens met die dik brille krap nog kop oor hoekom dié bonkige knaap geen krater veroorsaak het nie. Een teorie is dat die meteoriet die Aarde se atmosfeer met 'n lae en platterige trajek binnegekom het, die grond getref en toe amper soos 'n klippie oor die water gehop het tot waar Jacobus Brits dit in 1920 op sy plaas Hobas ontdek het.

Hoe dit ook al sy, die meteoriet-impak sou nie die laaste gewelddadige botsing in die omgewing van Grootfontein en Tsumeb wees nie. Maar daar is 'n heel toevallige verband tussen dié ou grote uit die ruimte en een van die vroegste oorsake van konflik in die Driehoek van die Dood: koper. Die meteoriet bevat dalk 'n onbenullige klein hoeveelheid van dié metaal, maar die Otaviberge daar naby bevat veel, veel meer.

Ironies was die oudste bewoners van die streek, die San-mense wat deur heelparty Europese inkomelinge as byna net so primitief as die diere van die veld beskou is, eeue lank die alleenbewaarders van dié groot rykdom op die plek wat later as Tsumeb bekend sou staan.

Dis nie seker hoe hierdie Steentydperk-jagters aanvanklik die waarde van die groen ertsneerslae besef het nie. En dis natuurlik waar dat die San – of Boesmans, soos hulle meer algemeen bekend is – destyds nie die kuns geken het om erts te verwerk en metale te smee nie. Maar hulle het nie net die waarde van die koper besef nie, hulle was ook slim genoeg om die oorsprong daarvan geheim te hou en só die waarde daarvan as ruilmiddel te verhoog.

Die Ovambo's, aan die ander kant, het geweet hoe om die erts uit die rots se greep los te maak en in versierings en gebruiksvoorwerpe om te tower – maar hulle het nie geweet waar die Boesmans dit gekry het nie. In sy boek *Tsumeb*, wat handel oor die geskiedenis van dié dorp en sy wêreldbekende neerslae koper en ander minerale, skets Georg Gebhard 'n romantiese prentjie van hoe die ruilhandel tussen die Boesmans en die Ovambo's by die Otjikotomeer deur die eeue heen verloop het.

Dié meer, sowat 20 km noordwes van Tsumeb, is nog een van die eienaardighede van hierdie deel van die wêreld – 'n geologiese frats wat vanuit die lug soos 'n maankrater vol groen water lyk. Daar is geen oewer nie, net loodregte rotswande. In die digte bos kan 'n mens baie naby daaraan verbystap sonder om eens te weet dis daar.

Otjikoto se ietwat onheilspellende voorkoms het mites laat ontstaan: Dis bodemloos; dit word gevoed deur 'n reuse- ondergrondse rivier; waag dit in die water en jy sal vir ewig in die donker dieptes af gesuig word ...

Volgens Gebhard se gedramatiseerde vertelling het die Ovambo's, wat hoofsaaklik noord van die huidige Etosha-wildtuin gewoon het, ver suid na die meer gestap met vragte sout, tabak, glaskrale en metaalgereedskap om te ruil. Naby die meer het hulle eers gewag, want hulle het die Boesmans se gifpyle gevrees. "A cloud of smoke rises slowly over the Otjikoto Lake. That is the sign!"

Dan gaan die Ovambo's nader aan die meer, waar die Boesmans hulle onder die bome inwag met hul eie kosbare aanbod van volstruiseiers, velle ... en hopies groen-en-blou rotse. Kopererts.

Nadat daar geruil is, het die Ovambo's die naaste miershope in primitiewe smeltoonde omskep en met houtskool, vervaardig van die omliggende bome, gestook totdat die koper geel uit die gesmelte hart van die erts begin vloei het in groewe wat in die harde grond gegrawe is. Daar het dit afgekoel en soliede koperdraad geword.

Die rukoper is in mandjies van palmblare gepak en met drastokke weggevoer na die land van die Ovambo's, wat noord van die hedendaagse Etosha-wildtuin begin en tot in Angola se kwesbare buik gestrek het. Daar het hulle gereedskap en arm- en beenversierings uit die koper gesmee.

Maar, skryf Gebhard, die Ovambo's was nie lank tevrede met die vreedsame ruilproses nie. Hulle wou weet waar die erts vandaan kom, sodat hulle self kon ontgin soveel as wat hulle wou hê. Daarom het hulle probeer om die Boesmans te agtervolg vanaf hul tuiste naby die meer tot by die bron van hul rykdom.

"The journey took much longer than expected and passed through a waterless region, in which a thick growth of tamboti trees, like an oasis, suddenly appeared. The Ovambo's journey of discovery was cut short at that point by Bushmen attacking them with poisoned arrows. The Ovambo quickly fled. The legendary copper had to be somewhere behind those trees."

As 'n mens hierdie romantiese vertelling kan glo, was dit maar 'n voorspel tot die bloedvergieting wat veel later sou volg tydens die Grensoorlog van die 1980's, toe die Boesmans en die Ovambo's bittere vyande was. Ook die meer sou aanhou om 'n rol in die komende konflikte te speel.

Nie almal glo natuurlik dat die Boesmans, die jagters en versamelaars van veldkos, destyds so ver sou gaan om bome in die bos te plant om hul kopererts vir gierige oë te versteek nie. Maar een ding is seker: Koper wás daar, en baie daarvan. Op die plek waar Tsumeb later sou ontstaan, het 'n massiewe rotsknoets opwaarts deur die aardkors gebeur. Dit was 12 m hoog, 180 m lank en 40 m breed, en só verkleur deur die koper dat dit wêreldwyd as die Groen Heuwel bekend sou word.

In 1851 het die Sweed Charles John Andersson en die Brit sir Francis Galton die eerste Europeërs op rekord geword wat die meer gesien het. Tot groot konsternasie van die bygelowige plaaslike inwoners het hulle doodluiters in die groen water geduik om te bad. Dit was koud, het die twee avonturiers later vertel, maar geen monstervis of ander boosheid het in die dieptes geskuil nie.

Die Grootfontein-Otavi-Tsumeb-driehoek bestaan uit dolomietrots wat ongeveer 700 miljoen jaar oud is. Deur die millennia heen het grondwater die rots binnegesyfer en weggekalwe om 'n ondergrondse grot vol water, oftewel 'n karst, te vorm. Die "dak" van die grot het eindelik ingeval en siedaar – die Otjikotomeer. Die sigbare deel van die meer is maar net 100 m in omtrek, maar ondergronds is dit veel groter. Op plekke is dit tot 100 m diep.

Terwyl Andersson en Galton by die meer was, het hulle opgemerk dat die Boesmans wat daar woon kopererts uit die omliggende heuwels bring om met die Ovambo's te ruil. En in 1866 skryf die Duitse sendeling Hugo Hahn dat hy op 'n groepie Ovambo-mans afgekom het wat koper in mandjies vanuit die rigting van Otjikoto noordwaarts karwei.

Die Ovambo's het ook hul eie koperneerslae gehad in die Otaviberge sowat 50 km suidwes van die latere Tsumeb af. En dis na die Ovambo's se koper wat die begerige oë van Europese prospekteerders en mynbase en *empire*-bouers eerste gedraai het. Die Groen Heuwel was steeds net die Boesmans se goed bewaarde geheim.

Die eerste wit "eienaars" van die Ovambo's se koper – en sonder dat hulle dit geweet het, ook die Boesmans s'n – sou egter die Afrikaners bekend as die Dorslandtrekkers, of Angola-Boere, wees. Oor die ontberings van dié groep swerwers is daar al breedvoerig geskryf. In hul ywer om weg te kom van die Britte het hulle in 1875 uit die Transvaal padgegee en dwarsoor die dorre Kalahari en Kaokoveld getrek tot by Humpata in Angola. Een onlangse en interessante historiese vertolking is dié deur dr. Louis Bothma in sy boek *Vang 'n Boer: Die stryd tussen Boer en Ovambo.*

Kom ons sluit by die Boere se storie aan in Humpata in die suidooste van Angola, waar hulle ná hul uitmergelende trek noordwaarts besluit het om hulle te vestig ingevolge 'n ooreenkoms met die Portugese koloniale owerheid van daardie land. Die sowat 60 gesinne (300 siele) het op 4 Januarie 1881 in Humpata aangekom, waar die Portugese aan elke gesin 200 hektaar gegee het om op te boer. Teen die tyd dat hulle daar aangekom het, het hulle reeds hul eerste suksesvolle strafekspedisie teen 'n Angolese stam agter die blad gehad, maar dís 'n verhaal wat Bothma beter in sy boek vertel.

Bothma skryf die sporadiese konflik wat tussen die Dorslandtrekkers en swart stamme in Angola en die destydse Suidwes-Afrika uitgebreek het, was as 't ware die eerste skote van die Grensoorlog wat meer as 80 jaar later in al sy felheid sou uitbreek en 23 jaar sou duur. Die Angolese landkaart wys Humpata vorm min of meer 'n reguit lyn met twee plekke verder oos, Cassinga en Cuito Cuanavale, wat albei spilpunte in die latere Grensoorlog sou wees.

Dit was nie lank nie of die Boere, wat sedert hul aankoms genaturaliseerde Portugese onderdane geword het, was weer ongelukkig. Die grond was te min en malaria was 'n probleem. Op 28 September 1883 word daar op 'n openbare vergadering by Humpata besluit om die moontlikheid te ondersoek om terug te keer na die Transvaal, waar die Britse vlag vir eers laat sak is. Maar daar word ook besluit om 'n afvaardiging verder noord in Angola op te stuur, na Caconda en Bié, om te kyk of die vooruitsigte daar nie beter is nie.

Die volgende jaar, in 1884, gebeur twee dinge: Duitsland verklaar Suidwes-Afrika tot 'n protektoraat, hoewel sy invloed in die noorde van die land nog maar beperk was.

En die Boere-feitesending keer terug na Humpata met die nuus dat Caconda en Bié inderdaad na 'n nuwe beloofde land lyk. Die meeste van die Boere by Humpata besluit om hulle eerder daar te gaan hervestig, steeds onder die Portugese koloniale bewind.

Dis nou almal behalwe sowat 25 gesinne wat vasbeslote was om terug te gaan Transvaal toe. Min het dié tweede groepie besef hulle sou eers suidoos van Ovamboland gaan uitspan – in die gebied wat weens die latere SWAPO-insurgensies berug sou word as die Driehoek van die Dood. En dieselfde man wat opgetree het as hul gids na Humpata sou hulle weer op die pad terug na die suide plaas: die jagter en handelaar Bill Worthington Jordan, seun van 'n wit pa en 'n bruin ma, en oorspronklik van die Kaap.

Jordan koop op 12 April 1885 – met die groep van 25 Angola-Boere reeds weer op die wapad en toe al in Suidwes – grond van Kambonde kaMpingana, koning van die Ondongas. Hy betaal 300 pond, 25 gewere, een gesoute perd en 'n vat brandewyn vir 'n reusestuk aarde van sowat 50 000 km² aan die suidelike soom van Ovamboland. Die grond is goedkoop, want dit behoort nie amptelik aan die Ovambo's nie en word hoofsaaklik deur die Boesmans bewoon.

Maar soos so dikwels in die geskiedenis vra niemand die Boesmans wat húlle van die saak dink nie.

Jordan gee toe die grond aan die Angola-Boere as 'n nuwe tuiste en hulle stig summier hul eie staat, wat hulle die Republiek Upingtonia noem. Die nuwe Boerestaat strek van Grootfontein tot Otavi en sluit die Ovambo's se koperneerslae in die Otaviberge – wat reeds aan die Europeërs bekend is – in.

Dit sluit ook die plek in waar die dorp Tsumeb later

sou verrys, skryf Gebhard. Die plek van die Groen Heuwel, bron van die Boesmans se kopererts. Maar dít weet niemand nie, want anders as die Ovambo's hou die Boesmans die oorsprong van hul rykdom steeds geheim …

Die Boere stel amptenare aan, verdeel die grond in plase en skryf 'n grondwet. Maar die Herero-leier bekend as Maharero kom hiervan te hore en is glad nie te vinde daarvoor nie. Volgens hom is die Grootfontein-omgewing deel van Hereroland, onder sý beheer, en mag Kambonde dit nie verkoop het nie. Kambonde verskil met hom.

Maharero, wat volgens Bothma g'n vriend van die Boere of die Duitse koloniale bewind was nie, stuur sy Engelse bondgenoot, die handelaar Robert Lewis, om druk op die Ovambo's uit te oefen om van die Boere ontslae te raak, en gou is die ganse kontrei 'n kruitvat.

Jordan die ewige avonturier is intussen terug na Angola vir sy eie sake, maar hoor toe van die moles en reis in Junie 1885 terug na Ondonga met die akte vir die grond. Maar die oggend van 30 Junie, steeds op reis, word hy by Grootfontein vermoor deur Kambonde se broer, Nehale, en van al sy besittings beroof. Dis nie seker of Lewis self iets te doen gehad het met Jordan se dood en die daaropvolgende vyandelikheid teen die Boere nie. Maar net maande later is hy deur Maharero vir sy "dienste" beloon met 'n 20 jaar lange mineralekonsessie vir die Otavi-Tsumeb-gebied, wat hy later stuk-stuk sou verkoop.

Dit was die einde van die Republiek Upingtonia, wat skaars 'n jaar geduur het. Teen September 1888 was die trekkerboere weer terug op Humpata in Angola, nadat hulle op hul terugtog herhaaldelik deur Nehale se Ovambo's aangeval is.

En steeds was die rykdom van die Boesmans se Groen Heuwel net húl geheim ...

In Augustus 1892 het dié toedrag van sake egter onomkeerbaar verander. In dié jaar het die Duitse kanselier, Otto von Bismarck, die sogenaamde Damaraland-konsessie – 'n gebied van sowat 57 000 km² wat die toe reeds bekende Otavi-koperneerslae ingesluit het – toegeken aan twee Duitse vennote, J. Scharlach en C. Wichman. Die mineraleregte vir die Damaraland-konsessie, asook grond vir die bou van spoorlyne, is vinnig bekom deur die South West Africa Company, wat kort tevore in Londen gestig is. Maar daar was 'n voorwaarde aan verbonde: Die maatskappy moes binne 12 jaar aktief begin myn in die gebied, of die mineraleregte verbeur.

'n Ekspedisie onder leiding van die hoogs ervare prospekteerder Matthew Rogers is vanaf Londen gestuur en het op 20 Oktober 1892 in Walvisbaai geland, waarna hulle met ossewaens die binneland ingetrek het – 'n moeisame en gevaarlike tog van sowat 644 km.

Gebhard skryf dis nie seker presies hoe en wanneer die Boesmans se geheim uitgelek het nie, maar Rogers het op 12 Januarie 1893 die eerste skriftelike verslag oor die Groen Heuwel die wêreld ingestuur. Hy het die sigbare rykdom aan kopererts in dié rotsknoets bo die grond só beskryf: "In the whole of my experience, I have never seen such a sight as was presented before my view at Soomep (Tsumeb) and I very much doubt if I will ever see such another at any locality."

Hy sou 'n jaar lank daar bly en twee skagte sink om ook die potensiaal van die koperneerslae onder die grond te ontleed. Sy aanvanklike bevindings oor die rykdom van die erts is elke keer gestaaf in die verslae wat hy Londen toe gestuur het.

Maar soos die Angola-Boere voor hom, sou Rogers gou besef die koper is 'n bron van alewige konflik. Sy werk om die prospekteerskagte te sink is gedurig onderbreek deur die gesante – en soms vyandige krygers – van die verskillende hoofmanne van die kontrei. Herero's, Damaras – almal het volgehou die koper behoort aan hulle alleen en hulle wou betaal word voordat hy sy werk kon voortsit.

Een van dié hoofmanne was Maharero, wat byna 'n dekade vantevore op eensydige wyse die mineraleregte vir die gebied aan die Engelsman Lewis gegee het nadat laasgenoemde hom "gehelp" het om van die Angola-Boere ontslae te raak. Maharero was salig onbewus daarvan dat Lewis intussen die regte aan die South West Africa Company verkoop het.

Dit was die Duitse koloniale regering wat 'n einde gemaak het aan die bakleiery oor die koper. Op 1 Augustus 1895 het 'n mag van 70 Duitse berede soldate, oftewel *Schutztruppe*, en 50 Herero's onder bevel van die administrateur Theodor Leutwein by Grootfontein opgedaag om "beheer te neem" van die "onderhandelinge" oor waar die Britse maatskappy mag myn en waar nié.

Dit was die einde van die Boesmans se eeueoue ruilhandel. Die rykdom van die Groen Heuwel sou nooit weer hulle s'n wees nie. Die uitdagings om die koper na die verre Europese markte te laat vloei was legio, maar die wiele van verandering het al hoe vinniger begin draai.

Teen April 1900 het die Britse South West Africa Company 'n Duitse koloniale baadjie aangetrek om die Otavi Minen- und Eisenbahngesellschaft te word, en só ontwikkelingsgeld van Duitse banke gekry. Teen 1901 is daar in alle erns begin om 'n myndorp uit die doringbos te kap. In 1903 is begin met die bou van 'n spoorlyn van byna 965 km na die kusdorpie Swakopmund, wat teen 1906 voltooi sou wees om kundige mynwerkers vanaf Duitsland te bring en die kopererts kuswaarts na wagtende skepe te stuur.

Die geheimsinnige Otjikotomeer, van waar die avonturiers Andersson en Galton die eerste Europeërs geword het om oor die "handelsoorlog" tussen die Boesmans en die Ovambo's te berig, sou 'n sleutelrol bly speel. Myne het baie water nodig vir mens en masjien, en dit sou 20 kilometer ver van die meer na die myn en nedersetting gepomp moes word.

Volgens oorlewering het die Boesmans hul plek van rykdom *Tsombtsou* genoem, wat letterlik beteken "om 'n gat te grawe wat weer toeval". Hulle het glo naby die koperheuwel gate gegrawe om water te soek, maar die gate het bly toeval – weens dieselfde seldsame geologiese verskynsel wat die Otjikotomeer veroorsaak het. Vir die Westerse oor en tongval het *Tsombtsou* glo "Tsumeb" geword.

Die onteiende Boesmans het nou soos struikrowers begin optree. Dit het min of meer só gewerk: Die Ovambomynwerkers het hul loongeld in die klein winkel in Tsumeb bestee en soveel verbruikersgoedere gekoop as wat hulle met tweeman-drapale op hul skouers kon karwei. Dan het hulle dit noordwaarts deur die bos na hul krale gedra.

Maar onderweg is hulle deur die Boesmans ingewag, wat gifpyle na hulle geskiet het totdat die Ovambo's hul vrag neergegooi en weggehardloop het. Daarna het die Boesmans gevat wat hulle wou hê – meestal net kos en tabak.

Terwyl Tsumeb se tipies Duitse geboue en kloktorings in die bos begin verrys het en die prospekteerskagte al hoe dieper gesink is, het die inheemse volkere van die land gereeld teen die Duitse koloniale regering in opstand gekom. Die Herero's, Damaras, Basters, Namas en Ovambo's in die suide, weste en verre noorde van die land het taamlik suksesvolle guerrillaoorloë gevoer, nie net teen die Duitse koloniale troepe nie, maar ook teen die Portugese in die suidelike deel van Angola.

Maharero, die Herero-hoofman agter die ondergang van die kortstondige Boererepubliek Upingtonia, was een van die inheemse leiers wat in opstand teen die Duitsers gekom het. Op 12 Januarie 1904 gee hy sy volgelinge opdrag om "alle wittes" behalwe "Engelse, Boere en sendelinge" dood te maak. Let op dat hy nie Duitsers uitgesluit het nie – binne dae was sowat 120 van hulle dood en talle nedersettings en dorpe beleër.

En hoewel die Herero's se gebied suid van die Otavi-Grootfontein-Tsumeb-driehoek gelê het, het Maharero oudergewoonte die Ovambo's van Etosha en verder noord probeer oorreed om saam met hom te veg. Die Ovambo's het geweier – almal behalwe sy ou bondgenoot, hoofman Nehale, wat die Angola-Boere in 1885-'86 op aandrang van Maharero aangeval en verdryf het.

Die oggend van 28 Januarie 1905 val Nehale en honderde van sy Ovambo-krygers die Duitse fort by Namutoni (112 km noordwes van Tsumeb) aan. Daar was net sewe Duitse soldate in die fort, maar hulle het daarin geslaag om die aanval ure lank af te weer totdat die Ovambo's in die laatmiddag onttrek het om hul wonde te lek. Sowat 68 krygers het dood in die stof buite die fort bly lê en nog 20 is beseer.

Die soldate, wie se ammunisievoorraad byna uitgeput was, het die kans waargeneem om uit die fort te glip en spore te maak na die plaas Sandhup, sowat 40 km daarvandaan. Hulle was ongedeerd afgesien van een soldaat wat malaria onder lede gehad het. Dáár is hulle op 1 Februarie aangetref deur berede soldate wat alreeds vier dae tevore vanaf Grootfontein gestuur is om die fort se garnisoen te versterk.

Intussen het Nehale die oggend van 29 Januarie teruggekeer, die verlate fort geplunder en so te sê tot op die grond afgebreek.[1]

Maharero se oorlog teen die Duitsers sou van 1904 tot 1907 duur. Eers het hy en sy Herero's die oorhand oor die setlaars en die *Schutztruppe* gehad, en die oorlog het ook die mynbou in Tsumeb en die bou van die allerbelangrike spoorlyn vanaf die weskus ontwrig. Maar hulle sou 'n verskriklike prys daarvoor betaal.

In die verre Berlyn is daar besluit om 'n kragdadige Pruisiese militaris na Duits-Suidwes te stuur om die Herero's – en enige ander stam wat die koloniale gesag tart – te wys hoe lyk die hel. Daardie man was generaal Lothar von Trotha, wat alreeds opstande in Duits-Oos-Afrika en China (die sogenaamde Bokseropstand) onderdruk het.

Von Trotha het op 11 Julie 1904 die bevel oor die Duitse magte in Suidwes oorgeneem en die Herero's het hom die eerste ruk laat klippe kou. Honderde *Schutztruppe* is gedood of het weens siektes omgekom. Maar in Oktober daardie jaar het hy begin met 'n strategie wat die Herero's tot op die rand van uitwissing sou dryf, en waarvoor sy

---

1 Dit sou later deur die Duitsers herbou word en vandag bied dit blyplek vir besoekers aan die Etosha-wildtuin.

geboorteland en familie meer as 'n eeu later die mense van die hedendaagse Namibië om verskoning sou vra.

Tydens die Slag van Waterberg het sy versterkte troepemag – nou byna 10 000 goed bewapende soldate – die Herero's van drie kante af aangeval. Hulle kon net in een rigting vlug – ooswaarts die waterlose Kalahari-woestyn in. Agter die vlugtende stamlede het Von Trotha alle watergate laat toegooi en skildwagte in 'n lyn 240 km lank ontplooi. Sy opdrag aan die soldate was om te skiet op enige Herero-man, -vrou of -kind wat uit die woestyn probeer terugkeer.

Sy taktiek het hy saaklik in 'n brief aan die Herero's uitgestippel en bygevoeg dat hy hulle nie meer as onderdane van Duitsland beskou nie. Die stam moes die Duitse koloniale grondgebied verlaat en ooswaarts na Brits-Betsjoeanaland (Botswana) gaan – en daar bly. Doen hulle dit nie, sou daar met kanonne op hulle geskiet word.

In 'n neutedop: Kies tussen ballingskap en uitwissing.

Die generaal se taktiek het konsternasie in Berlyn veroorsaak en in November 1905 is hy deur die Duitse keiser, Wilhelm II, herroep. Maar dit was te laat vir die Herero's, want Von Trotha het seker gemaak sy plan word uitgevoer voordat hy Duits-Suidwes-Afrika verlaat.

Voor die 1904-opstand was daar sowat 80 000 Herero's in Duitswes. Ongeveer die helfte van daardie getal is deur Von Trotha die woestyn ingedryf, skryf die historikus Thomas Pakenham in *The Scramble for Africa*. Net 5 000 het die moordende tog deur die woestyn na die veiligheid van Betsjoeanaland oorleef. Die ander het in die woestyn van dors en honger omgekom, of is maande daarna drupsgewys deur Duitse koeëls en bajonette gedood terwyl hulle Von Trotha se waarskuwing verontagsaam en na hul Herero-stamgrond probeer terugkeer het.

Nog 12 000 het hulle oorgegee aan die Duitsers en is in konsentrasiekampe aangehou as dwangarbeiders vir Duitse besighede. Meer as die helfte van hulle sou sterf weens wanvoeding en siektes.

Tydens 'n sensus in 1911 sou net 15 000 Herero's getel word – al wat die oorlog oorleef het. Maharero was onder dié wat Betsjoeanaland bereik het. Hy is in 1922 aan natuurlike oorsake oorlede.

Ook die Herero's se bondgenote, die Nama-stam van Hendrik Witbooi, is wreed onderdruk. Die sensus van 1911 het gewys net sowat 9 800 Namas het die oorlog en die strafkampe oorleef. Witbooi self is in Oktober 1905 noodlottig gewond in 'n geveg met die Duitsers.

Met die Herero's en Namas onderdruk, kon die bou van die spoorlyn tussen Swakopmund en Tsumeb in 1906 voltooi word. Gekontrakteerde Duitse mynwerkers het 13 dae lank per skip na Swakopmund gereis en is van daar met die smalspoortrein na Tsumeb geneem. Onderweg deur die woestyn, bosveld en eindelik die heuwelryke Otavi-distrik het hulle vir die eerste keer wilde diere soos leeus en olifante gesien.

Op die myndorp, waar die lewe herinner het aan dié in Barberton tydens die willewragtag-dae van die Transvaalse goudstormloop, was hul woongeriewe spartaans en vroue so skaars soos hoendertande. In die statige Minen Hotel was kroeggevegte aan die orde van die dag. Die hitte was uitmergelend en dit het gewemel van die slange.

Ondergronds het Ovambo's, net in velle geklee, onder toesig van Duitse mynwerkers met swierige snorre geswoeg om die aarde se rykdom te ontgin. Tsumeb was nie vir sissies nie – maar in 1907 is die eerste ertstrein na Swakopmund, van waar die koper oor die Atlantiese Oseaan na Antwerpen verskeep is.

In die volgende jare sou dié afgeleë Duitse gemeenskap in die Afrika-doringbos 'n bloeitydperk beleef. Maar ver weg in Europa het die gierige *empire*-bouers stry begin kry. En op 28 Junie 1914 is hertog Franz Ferdinand van Oostenryk en sy vrou, Sophie, in Sarajevo deur sluipmoordenaars om die lewe gebring. Die oorverdowende eggo's van daardie skote sou binnekort nie net op die modderige slagvelde van Frankryk, België en Vlaandere gehoor word nie, maar ook in Tsumeb. Die Eerste Wêreldoorlog was op pad na die Groen Heuwel – maar vanuit die suide, nie van Europa af nie.

In die Unie van Suid-Afrika was die reste van vernietigde plaashuise nog sigbare tekens van die pyn van die Anglo-Boereoorlog twaalf jaar tevore. Maar dieper nog as die letsels op die landskap was die wonde in die siel van die Afrikanervolk. Die land was bitter verdeeld tussen ondersteuners van die Unieregering, lojaal aan die Britse troon, en voormalige Boerekrygers vir wie die gedagte om aan die kant van die Engelse veroweraars te veg ondenkbaar was. Toe die eerste minister, Louis Botha, in September 1914 in die Parlement in Kaapstad aankondig dat Suid-Afrika deur Londen versoek is om Duits-Suidwes-Afrika te verower, was die gort behoorlik gaar.

Die uiteinde van die saak was dat Botha en die jong Suid-Afrikaanse Leër twee veldtogte tegelyk moes voer. Een teen die *Schutztruppe* in die buurland Suidwes, as deel van die Britse Ryk se oorlog teen die *Kaiser*. En een om die gewapende opstand op eie bodem te onderdruk.

In die 1914-rebellie sou voormalige Boeregeneraals soos Botha en Jan Smuts te staan kom teen hul eertydse kamerade soos generaals Christiaan de Wet en Koos de la Rey. Die Rebellie sou die verowering van Suidwes aanvanklik vertraag, maar nie verhoed nie.

Botha se militêre veldtog in Suidwes is deeglik nagevors en opgeskryf. Die Suid-Afrikaanse ekspedisiemag was 'n vreemde mengelmoes van konvensionele infanterie, artillerie en pantsermotors, maar ook berede Boere-kommando's soos dié wat die Engelse vier jaar lank geteister het. Die bande van die Boereoorlog het nog diep geloop: Die meeste Afrikaners het vrywillig gaan veg uit lojaliteit teenoor hul ou generaals, of omdat hulle 12 jaar tevore ingevolge die Vrede van Vereeniging 'n eed van lojaliteit aan die Britse troon gesweer het.

Ander het net lus gehad vir 'n lekker skietgeveg of drie ...

Dit was 'n veldtog aan verskeie fronte waarin geweldige uitdagings oorkom moes word: lang afstande wat logistiek byna onmoontlik gemaak het, uitmergelende hitte en dors, woestynsand wat aan perdehoewe en stewels en wiele suig, venynige doringbos en 'n ervare en goed opgeleide vyand. Maar nes die Kakies voor hulle is die Duitsers met hul onbuigsame, voorspelbare gevegsmetodes dikwels onkant betrap deur die vinnige, onortodokse taktiek van die Boerekommando's.

Die eerste veldslag, op 26 September 1914 by Sandfontein, waar daar niks was om oor te baklei behalwe water nie, was 'n nederlaag vir Botha se manne, skryf David Williams in *Springboks, Troepies and Cadres: Stories of the South African Army 1912-2012*. Baie van hulle sou die res van die veldtog in 'n Duitse krygsgevangenekamp in

Suidwes deurbring. Maar in die gevegte wat sou volg, het die Suid-Afrikaners gaandeweg die oorhand begin kry. Die Duitsers moes keer op keer terugval. In die doodsnikke van 1914 is die koloniale hoofstad, Windhoek, beset deur 'n mag wat in Walvisbaai aan wal gegaan en toe deur die woestyn opgeruk het na die kwesbare hart van die land – 'n onderneming wat die Duitsers as haas onmoontlik vir mens en dier beskou het.

Met die suide van die land onderwerp, het Botha – wat as eerste minister self aan die gevegsfront was, dikwels op die rug van 'n wit perd – al sy aandag aan die noorde gegee. Die Suid-Afrikaners is in vier gevegsgroepe verdeel, met verskillende doelwitte. Een groep, onder generaal-majoor Henry Lukin, het van Swakopmund af al langs die spoorlyn na Tsumeb opgeruk – dieselfde roete waarlangs mynwerkers van Duitsland na Tsumeb vervoer is, en koper van die myn af na die wagtende vragskepe in Swakopmund se hawe.

Die slothoofstuk van Suid-Afrika se verowering van Duits-Suidwes-Afrika sou in die Grootfontein-Otavi-Tsumeb-distrik, die latere Driehoek van die Dood, geskryf word.

Teen die einde van Junie 1915 was die Duitse hoofmag ingegrawe in die Otavi-Otavifontein-omgewing en Elefantenberg, sowat 62 km suidwes van Tsumeb. Daar was ook Duitse garnisoene in Tsumeb en by Namutoni.

Botha het hom reggemaak vir 'n verwoede geveg, want die heuwelagtige omgewing tussen Otavi en Tsumeb was ideaal vir verdedigingstellings. Die oggend van 1 Julie het Suid-Afrikaanse perdekommando's 'n verrassingsaanval geloods – en tot Botha se verbasing het die Duitsers ná net 'n kort geveg hul goeie stellings ontruim en verder noordwaarts begin terugval. Net vier Suid-Afrikaners en drie Duitsers is dood. Die volgende dag was die Duitsers by Khorab ingegrawe. Die Duitsers se nuwe stellings was ewe geskik vir verdediging ... maar hul veglus was geblus.

Die Duitse militêre bevelvoerder, kolonel Victor Franke, het geen sin daarin gesien om sy soldate se lewens weg te smyt nie. Hy het net sowat 3 400 man gehad teenoor Botha se 13 000. Die Duitsers se perde was in 'n swak toestand weens min weiding, hulle het nie meer baie ammunisie gehad nie en daar was ontoereikende mediese geriewe vir hul gewondes. En bowenal was hulle omsingel in 'n afgesonderde hoekie van Afrika waar hulle geen hulp van hul vaderland kon verwag nie.

Die einde het daarna vinnig gekom.

Die goewerneur van Duits-Suidwes-Afrika, Theodor Seitz, het op 3 Julie reeds 'n afgevaardigde na Botha gestuur om te begin onderhandel oor die Duitse oorgawe. Op 5 Julie is 'n skietstilstand tussen die twee magte verklaar.

Die dag van 6 Julie het aangebreek met die belangrike nuus dat ook die laaste twee Duitse garnisoene – dié op Tsumeb en Namutoni – oorgegee het. In Tsumeb is verheugde Suid-Afrikaanse krygsgevangenes, van wie die meeste aan die begin van die veldtog in 1914 gevange geneem is, deur hul makkers bevry en hul plekke agter die doringdraad is deur Duitse gevangenes ingeneem. En dieselfde dag het Seitz en Botha mekaar die eerste keer van aangesig tot aangesig ontmoet by Kilometer 500, 'n baken langs die spoorlyn net noord van Otavi, om oor vrede te praat.

Botha was premier van Suid-Afrika én aanvoerder aan die gevegsfront en kon dus op die plek besluite neem. Maar Seitz moes terugvoer gee aan Berlyn en wag vir die keiser se bevele. Dit was dus 9 Julie voordat Seitz, vergesel van Franke, weer per trein by Kilometer 500 aangekom het om Suidwes amptelik in Botha se hande oor te gee, in 'n tent by 'n groot ou omupararaboom.

Die Otjikotomeer sou oudergewoonte 'n rol in hierdie hoofstuk van Tsumeb se geskiedenis speel. Hier, net voordat die oorgawe onderteken is, het 'n afdeling *Schutztruppe* 30 kanonne en 4 500 kiste ammunisie in die groen dieptes van die meer gegooi om te verhoed dat dit in die Suid-Afrikaners se hande beland.

Hoewel Duits-Suidwes geval het, was die Eerste Wêreldoorlog natuurlik nog lank nie verby nie. Derduisende sou in die volgende paar jaar nog in die loopgrawe van Europa sterf. Daarom is die voltydse *Schutztruppe* afkomstig van Duitsland per trein van Tsumeb na Aus geneem om as krygsgevangenes aangehou te word totdat die oorlog in Europa eindig. Duitse burgers van Suidwes wat as tydelike soldate teen die Suid-Afrikaners geveg het, is egter toegelaat om na hul plase en dorpshuise terug te keer. Die Unie van Suid-Afrika sou die land beset en vanaf 1919 ingevolge 'n mandaat van die Gemenebes van Nasies administreer.

Botha en sy Springbokke – soos die Unie se verdedigingsmag bekend gestaan het – het 'n einde gemaak aan die Duitse koloniale era in Suidwes ... en daarmee 'n volgende hoofstuk begin wat nogmaals oorlog na die Groen Heuwel sou bring.

4 'n Oorlogsgetuie

Oom Lukas Nel, 'n kleinerige man met 'n groot stem, woon saam met sy vrou, Joey, op 'n plaas buite Tsumeb, in die rigting van Tsintsabis. Soek jy 'n gesig vir die historiese kruispad genaamd Tsumeb, 'n simbool van die karakter van die kontrei se mense, 'n venster op wat alles in die naam van oorlog gebeur, dan is Lukas die man.

As kind het Lukas Nel saam met sy pa en twee susters in Middelburg in die ou Transvaal op 'n trein geklim. Dit was die begin van 'n avontuur groter as oseane en vastelande en die verbeelding van 'n mens. Die jaar was 1926 en hy was vier jaar oud.

Hy was nog nie gebore toe die Duitse *Schutztruppe* in 1915 naby Tsumeb aan die Suid-Afrikaanse invalsmag oorgegee het nie, maar daardie dag sou sy lewenspad help uitstippel. Sy pa, Paul, en dié se broer, Gabriël, het onder generaals Jan Smuts en Louis Botha in die Eerste Wêreldoorlog geveg, eers in Duits-Suidwes en toe in Duits-Oos-Afrika, in wat vandag Tanzanië is.

In sy boek *With Botha in the Field* bied Eric Moore Ritchie 'n blik op die toestande waaronder die Suid-Afrikaners destyds moes veg in hul opmars na Tsumeb. "All afternoon the heat strikes up at you, overpowering, like the breath of a wild animal. Then the wind rises and the sand shifts in eddies. Veils and goggles are useless. They can't keep out that spinning curtain of grit. The horses rattle the dry bits in their mouths, trying to get some moisture."

Maar die broers Nel het iets anders in dié land van brandende hitte, dors en doringvlaktes gesien. Gabriël was die eerste wat ná die oorlog teruggekeer het na Suidwes, nou 'n Suid-Afrikaanse protektoraat, om daar 'n nuwe lewe te begin. Lukas se ma is intussen oorlede en dit was nie lank nie voordat pa Paul besluit het niks hou hom meer in Middelburg nie. En só het dit gekom dat hy en sy kinders die reis noordwaarts aangepak het om hul lot by Gabriël s'n te gaan inwerp.

Die treinrit het sowat vyf dae geduur, eers met die breë spoorlyn oor Upington na Windhoek en daarvandaan weswaarts na die kus en Walvisbaai. Van daar het hulle weer binneland toe geswenk, noordoos die woestyn in. By Usakos het die passasiers oorgeklim op die ou smalspoorlyn vir die volgende skof.

Die kajuitvenster was opgedraai om die rook en roet van die ou stoomlokomotief uit te hou, maar klein Lukas het met sy gesig teen die glas gesit en verwonderd na die nuwe wêreld daar buite gestaar. Die landskap was baie dieselfde as die een wat Duitse mynwerkers onderweg na Tsumeb sowat twee dekades tevore begroet het. Hulle is in die Siegerland, Saarland en die Ruhr gewerf en het in Swakopmund aan wal gekom ná 'n seereis van dertien dae. Van daar is hulle met dieselfde smalspoorlyn die binneland in om hier onder die kors van Afrika hul eeueoue beroep te kom beoefen.

Soos hulle, het Lukas hom verkyk aan die groot troppe

springbokke, volstruise en ander diere aan weerskante van die trein se blink slangsleepsel deur die wildernis. Baie van die Damaras, Herero's en Boesmans wat hy deur die kajuitvenster kon sien, het steeds nie veel meer as hul tradisionele velklere gedra nie. Maar Tsumeb was vir eers nie die Nels se bestemming nie. So halfpad tussen die kus en die Boesmans se Groen Heuwel, in die gebied bekend as die Kalkveld, het hulle van die trein afgeklim. Daar het die skotskar van Lukas se oom Gabriël met twee osse gewag om hulle plaas toe te neem.

Die gesin se nuwe lewe was hard. Die wêreld was ongetem en die dorpe min en ver uitmekaar. Leeus, luiperds en jakkalse wat onder die vee maai, droogtes en siektes het meer as een boer in die Kalkveld ondergekry. Die Nels, soos almal rondom hulle in daardie ylbewoonde land, was arm en dit het bloedsweet en swaarkry gekos om liggaam en siel aanmekaar te hou.

Lukas en sy sussies het hul dae geslyt deur te help met die plaaswerk of deur met die Herero-kinders, halfnaak in die oë van Westerlinge, te speel. Skole en onderwysers was net so dun gesaai soos dorpe en Lukas was tien jaar oud voordat hy die eerste keer die binnekant van 'n klaskamer gesien het. Van sub A tot standerd 1 het hy sy lesse in plaasskooltjies geleer, met net een onderwyser om enigiets van agt tot 17 kinders van verskillende ouderdomme basiese onderrig te gee. Soos ander kinders van die Kalkveld het hy donkie gery skool toe en selfs by 'n ander huisgesin geloseer, want koshuise was daar nie.

Die Suid-Afrikaanse administrasie in Windhoek het 'n onverwagse einde gemaak aan die era van plaasskooltjies en Lukas is toe na die laerskool op Outjo. Die jaar was 1934, hy was 12 jaar oud en in standerd 2. Maar hy het nie besonder oud gevoel in sy klasgroep nie, want daar was ook hardebaard-manne van sowat 22, 23 jaar oud. Hulle was die nasate van die Afrikaners bekend as die Dorslandtrekkers, wat dekades tevore hul heil in Angola gaan soek het, toe teruggetrek het na Duits-Suidwes om hul kortstondige Boererepubliek in die Tsumeb-omgewing te verklaar, en toe weer die wapad gevat het terug na Angola weens die vyandigheid van die Ovambo's.

Maar nou was hulle terug om te bly. Nie dat Lukas omgegee het nie, want twee jaar later was hy kaptein van die skooltjie se rugbyspan, wat spelers van alle ouderdomme ingesluit het. Daai groot Dorslandmanne was 'n verskrikking vir die besoekende skolespanne van Windhoek en Otjiwarongo.

In 1938 is Lukas, teen hierdie tyd 'n kort maar frisgeboude knaap van 16 jaar, na Swakopmund om standerds 6 tot 8 daar aan te pak – Swakop, waar die Duitse mynwerkers van die skip afgeklim het en hul treinreis na die onbekende begin het.

In dieselfde jaar het hy vir die tweede keer in sy jong lewe die treinreis van Suidwes na Suid-Afrika aangepak – hierdie keer as lid van die Voortrekkerjeugbeweging om die hoeksteenlegging van die Voortrekkermonument buite Pretoria te gaan bywoon. Vir dié seun uit die dorre Kalkveld sou die grootste herinnering aan daardie viering van Afrikanernasionalisme die onophoudelike stortreëns wees wat die tente oorstoom en alles sopnat gelaat het.

Maar in die verre Europa het die oorlogstromme weer begin roffel. Lukas het dit toe nog nie besef nie, maar hy en sy skoolmaats in Swakopmund sou binnekort in die Tweede Wêreldoorlog aan verskillende kante van die slagveld teenoor mekaar te staan kom. In vredestyd was hulle verenig as Suidwesters, maar in oorlogstyd moes Afrikaners as deel van die Geallieerde Magte teen Duitsers veg. Nes byna twee dekades tevore, toe die Suid-Afrikaanse invalsmag van generaals Smuts en Botha die Duitse koloniale bewind naby Tsumeb tot oorgawe gedwing het.

Die redes daarvoor was nie net politiek en vaderlandsliefde nie. Baie Duitse families in Suidwes het destyds hul kinders Duitsland toe gestuur om te gaan studeer eerder as na die universiteite in Suid-Afrika. Baie van hulle was reeds in Duitsland toe die Tweede Wêreldoorlog uitgebreek het en hulle is in die diktator Adolf Hitler se *Wehrmacht* opgeneem.

"Baie van daai Duitse outjies wat ons in Swakop geken het, is later deur ons in Noord-Afrika gevange geneem," vertel Lukas op 'n dag meer as 70 jaar later.

Een dag, laat in 1939, is Lukas Nel by hierdie nuwe oorlog betrek. Generaal Smuts het militêre vliegtuie van die Unie van Suid-Afrika se jong lugmag na Walvisbaai, sowat 30 km suid van Swakopmund, gestuur – die einste Walvisbaai waar die Suid-Afrikaanse perdekommando's en artillerie in 1915 aan wal gegaan het om deur die woestyn na Otavi en Tsumeb op te ruk.

Die vliegtuie wat uiteindelik so 'n invloed op die jong Lukas se lewe sou hê, was waarskynlik die drie Junkers-vliegtuie van die nuutgestigte 16 Eskader, wat die koue Atlantiese water van die Skedelkus vir vyandige Duitse skepe en duikbote moes fynkam. Maar hul waarde was nie net strategies nie. In daardie dae was vliegtuie nog 'n redelik seldsame gesig in die lug bo Suidwes, en die koms van die eskader het vir groot opwinding gesorg. Dit was Lukas se boesemvriend Soekie Sutherland, by wie se ouers hy geloseer het, wat hom vertel het van die vliegtuie – en belangriker nog, hoe dol die meisies is oor die vlieëniers in hul uniforms. Oorlog was toe reeds 'n werklikheid en die twee avontuurlustige kwajongens het daar en dan besluit hulle wil die blou uniform van die lugmag dra, eerder as die minder aantreklike kakie van 'n voetsoldaat.

Einde 1939, nadat hy sy standerd 8-eksamen geskryf en vir hom 'n rekening oopgemaak het by Barclays Bank met vyf pond wat hy van sy oom geleen het, het Lukas weer op die trein na Pretoria geklim, gewapen met sy oproepinstruksies en rantsoenkaart vir die reis. Sy bestemming was Roberts Heights, die voorloper van die hedendaagse Voortrekkerhoogte.

Die jong Kalkvelder se oorgang van rou rekruut na soldaat in die volgende dae, weke en maande was die gewone chaos van skreeuende instrukteurs, eindelose ure van dril en oefensessies en lesings en inspeksies, die buig-of-bars-proses om duisende individue te omskep in die eenvormige, gedissiplineerde onderdele van 'n groot masjien. Aan die einde van dié proses was Lukas 'n grondtegnikus, opgelei om beskadigde vegvliegtuie en bomwerpers op enige moontlike manier te herstel en weer in die lug te kry.

Maar die opleidingsmasjien het nie Lukas se bravade en ondernemingsgees gedemp nie. Toe hulle sy makker Soekie indeel by 'n eskader onderweg na Noord-Afrika en nie vir Lukas nie, het hy die korporaal in beheer van dié lyste met twee bottels bier omgekoop om hom aan dieselfde eskader toe te wys. En toe Lukas en sy makkers sien die korporaal is sommer etenstyd al aangeklam van sy omkoopgeskenkie, het hulle hom vloekend en skreeuend aan sy webbelt van 'n hyskraan af laat hang.

En só, op 'n dag – Lukas onthou dit as 16 Desember 1940 – is hy as lid van 3 Vegeskader weer treinstasie toe, hierdie keer op pad na die slagvelde van Noord-Afrika. Sy pa het dié dag Pretoria toe gekom om hom weg te sien. Lukas het met die galgehumor so tipies van soldate in sulke tye aan sy pa gesê: "Ek weet nie of ek Pa weer gaan sien nie. Ek gaan nou maar op Noorde toe. Die ouens sê mos mens gaan op en as jy afkom, is dit in die *Sunday Times*."

Lukas sou die oorlog oorleef, maar nooit weer sy pa lewend sien nie. Die hartseerkyk in sy pa se oë daardie dag toe die trein wegtrek, sou hy altyd onthou.

Aan die einde van daardie treinreis het 'n troepeskip gewag waarop Lukas en sy eskader saam met 8 000 ander Suid-Afrikaanse, Kanadese en Amerikaanse soldate by die Durbanse hawe uitgevaar het terwyl die legendariese Perla Siedle Gibson, die sogenaamde "Lady in White", hulle van die hawehoof af toegesing het. Daar word vandag geraam dat Perla, 'n gerekende sopraan en dogter van 'n Suid-Afrikaanse skeepseienaar, in die oorlogsjare vir sowat 'n kwartmiljoen soldate op 5 000 troepeskepe gesing het. Duisende van daardie soldate sou nooit weer hul huis sien nie – en Lukas en sy makkers in die snikhete romp van die skip sou gou besef waarom.

Nadat Durban en die Natalse kus agter hulle in die Indiese Oseaan weggesink het, het die meeste van die soldate 'n onrustige nag in die bedompige, stampvol romp deurgebring – net om in die oggend te ontdek hulle is terug in Durban se hawe. Die volgende dag het hulle weer die hawe uitgevaar – net om 'n tweede keer om te draai. Die rede was Duitse duikbote wat die troepeskepe op hul roetes na die slagvelde van Noord-Afrika en Europa ingewag het.

Toe hulle die derde keer uit Durban vaar, was dit met drie vinnige torpedojaers wat soos skaaphonde om hulle sirkel, gereed om die grys seewolwe se metaalrompe met dieptebomme oop te ruk. Hulle het Aden aan die kus van die Arabiese Skiereiland sonder voorval bereik en Lukas was gou hard aan die werk om die Suid-Afrikaanse eskader se Hurricane-vegters vlieggereed te hou sodat hulle beskerming kon verleen aan die Blenheim-bomwerpers, wat jag gemaak het op die einste vyandelike duikbote en hulle vanuit die lug met dieptebomme bestook het.

Vanaf Aden is die eskader na Noord-Afrika. Kyk 'n mens na die vergeelde ou foto's van Lukas en sy maat Soekie, lyk dit inderdaad na die groot avontuur wat hulle as opgewonde skoolseuns in Swakopmund besluit het om aan te pak. Hulle staan voor piramides in Egipte met hul pette windmakerig skeef op hul koppe, sit sonder hemde en koerant lees in die woestyn, poseer op die wrak van 'n Duitse vegvliegtuig. Lukas se staaltjies is vol ligte oomblikke en die warmte van kameraadskap. Maar elke nou en dan skeur die impak van oorlog op 'n jong gemoed soos skrapnel deur sy onthou.

Oor El Alamein: rye en rye wit kruise sover as die oog kon sien; 50 000 dooies op die slagveld agtergelaat. "Jy moet weet hoeveel liters bloed was dit in elke mens wat in daai sand weggedrein het."

Van El Alamein na Tripoli: "Soos die Duitsers vlug, het ons hulle agternagesit en gebombardeer en hulle uit die lug geskiet."

Soms het die Duitsers teruggeslaan. By hul basis naby Alexandrië: "Een nag gee hulle ons vet uit die lug uit … Ons het uit die tent uit gevlug, want dis als skrapnel wat deur die tente gaan. Daai volgende oggend kom ons bymekaar, nou gesels elkeen maar sy storie. Die een outjie sê: "Wee" jy, ek het só gehardloop, ek skop 'n haas uit die pad en sê vir hom, gee 'n man 'n kans wat kán hardloop.' Nou ja, dis als grappies wat gemaak is daarná, weet jy."

Grappies – die soldaat se manier om doodsangs te besweer.

Met die Duitsers van veldmaarskalk Erwin Rommel verslaan in Noord-Afrika, het Lukas en sy kamerade van 3 Vegeskader en 17 Bomwerpereskader gereedgemaak vir die volgende gevegsfront – Italië. Maar toe kry Lukas die nuus dat sy pa dood is aan maagkanker. Hy is met menslikheidsverlof terug Kalkveld toe, na sy pa se graf toe, drie maande te laat. Met sy familiesake agter die rug, wou hy weer terug na sy ou vegeskader in Noord-Afrika, waar die eskaderbevelvoerder se Hurricane-vegvliegtuig aan hom as grondingenieur toevertrou is.

Maar in Pretoria aangekom, het die lugmag ander planne gehad. Hulle wou hom verplaas na 'n eskader in Durban wat die see aan die Natalse kus vir Duitse duikbote gepatrolleer het. Ver weg van sy makkers en die ware aksie. Lukas, 'n man wat nie nee vir 'n antwoord vat nie, dring toe daarop aan om 'n vlugingenieurskursus te volg, wat beteken het hy moes leer om 'n bomwerper te vlieg en te navigeer. En só is hy toe terug front toe – hierdie keer as volwaardige lid van die vlugbemanning van 'n Liberator-bomwerper van 31 Eskader.

Dit was April 1943. Die Liberators met hul lang reikafstand was in Afrika gebaseer en het van daar af na Italië gevlieg om hul bomme op grondteikens te laat neerreën. Lukas het nou nie net meer vliegtuie op die grond herstel nie, hy het eerstehands oorlog gemaak – en soms was die teikens dorpe en stede, die slagoffers burgerlikes. Die Liberators het laag gevlieg en as die bemannings terugkyk nadat hulle die bomdeure oopgemaak het, kon hulle hul vernietigingswerk aanskou. Wat hulle gesien het, was 'n toneel uit Dante se *Inferno*. Dit het 'n donker skaduwee oor die gemoed van die andersins opgewekte en ondeunde jong Suidwester gewerp.

"Dis 'n lelike ding; ek hou nie daarvan nie. Dit het my nagmerries gegee," vertel hy. "Om mense dood te maak wat niks met die ding te doen het nie … Jy gooi bomme op daai groot stede, man, dan vou daai gebou eers na die buitekant toe, en vou dan terug in die vakuum. Jy kon sien hoe die mense uit daai geboue spring … Dit het ook vir mý probleme gegee later."

Maar Dood het nie net sy sens op die grond geswaai nie. Die dragtige Liberators moes reguit vlieg om hul metaaleiers akkuraat neer te laat en was weerloos teen die witwarm skrapnelkloue van die lugafweervuur wat hulle uit die lug probeer skeur het. Lukas onthou die angs wanneer die groot vliegtuie soos speelgoed in die lug rondgesmyt is deur die krag van die ontploffings wat rooi om hulle geblom het.

"Dit was lelik. Ons het baie mense verloor ook, baie vliegtuie verloor. As die ding hier voor jou bars, dan gaan sit daai blerrie vliegtuig op sy gat en dan suig hy jou weer in. As hy hier aan die regterkant bars, dan gooi hy jou vliegtuig lat hy só staan; jy voel die vlerke buig, lat dit enige tyd gaan breek."

Dit was 'n besige lugoorlog vir Lukas. Ná die sendings oor Italië het sy eskader kos en ammunisie vir die beleërde Pole neergelaat. Maar hy praat min oor wat hy beleef het in Pole, waar die burgerlike bevolking – Joods sowel as nie-Joods – behoorlik deur die vleismeul is. "As jy daar kom, dan was die Russe of die Duitsers al in daai gebied gewees."

Ironies genoeg was die gevaar nie verby vir Lukas toe die gevegte in Europa opgehou het nie. Hy het van die Liberators oorgegaan na Dakotas, en troepe en bevryde krygsgevangenes gekarwei van Brighton in Engeland, oor die Midde-Ooste en Afrika, tot in Pretoria. Huis toe. Tydens dié pendelvlugte het hy drie noodlandings oorleef en in die proses sy ribbes, neus en kakebeen gebreek.

Eindelik is hy Bulawayo toe verplaas, waar hy weer grondingenieur was. 'n Ruk lank het dit gelyk of Lukas se lugoorlog verby was, maar toe word hy ingedeel by 'n nuwe eskader. Hul bestemming? Die Verre Ooste, waar die Geallieerde Magte besig was om hulle te staal vir die inval en verowering van Japan. Dis na hierdie gevegsarena dat Lukas met sy nagmerries oor mense wat uit brandende geboue spring, op pad was. Maar sy nuutgevormde eskader het net op papier bestaan, want Amerika het besluit om sy eie verliese te beperk deur die poorte van Armageddon met atoombomme oop te ruk. Op 10 Augustus het Japan oorgegee en was die Tweede Wêreldoorlog eindelik verby.

Vlugsersant Lukas Nel en sy makkers is gevra om in vredestyd aan te hou vlieg – vir die Unie van Suid-Afrika se nuwe redery, deesdae bekend as die Suid-Afrikaanse Lugdiens. Maar die jong Kalkvelder het genoeg gehad. "Ek sê toe nee, wragtag, ek's nou moeg vir vlieg; ek sal liewer gaan boer. Ek sê ek wil ook nie eens met hoenders boer nie, want dié donners kan ook vlieg."

In die lang oorlogsjare is tweederdes van sy soldateloon maandeliks in sy bankrekening inbetaal en sy oom het in sy afwesigheid vir hom vee gekoop. En só het dit gekom dat Lukas met 'n stuk of 600 beeste, bokke en skape van die Kalkveld af verder noord na Tsumeb se kontrei getrek het om daar uit 'n stuk doringveld 'n plaas te wroeg.

Dit het hom nagenoeg 14 dae gevat om die vee te perd aan te jaag met die hulp van vyf, ses plaaswerkers en 'n perdekar vir hul proviand en die ander nodigste dinge. Wanneer daar saans halt geroep is, moes takkrale gebou word om die vee teen roofdiere te beskerm.

Op sy grond aangekom, het Lukas 'n eenvoudige hut van pale gebou om as opstal te dien. Etosha was naby en hoewel dit reeds 'n wildtuin was, was dit nog nie omhein nie. Die plase was ook nie toegespan nie. "Die leeus en olifante het hier tot by Tsumeb geloop," onthou Lukas. "Dit was nog 'n wille tyd daai, weet jy."

Die leeus het binne die eerste jaar só onder sy vee gemaai dat daar van die trop van sowat 600 net 170 oor was. Lukas moes 'n ander plan beraam.

Met die uitbreek van die oorlog is die gekontrakteerde mynwerkers en vakmanne afkomstig van Duitsland, asook die plaaslike Duits-Suidwesters wat as Duitse lojaliste beskou is, in kampe aangehou en die Tsumeb-myn is gesluit. Die oorspronklike Duitse mynmaatskappy het ook nie teruggekeer nadat vrede verklaar is nie. Maar in 1947 het 'n nuwe eienaar, die Amerikaanse maatskappy Tsumeb Corporation Limited, die myn oorgeneem en werkers begin huur. Lukas, soos ander boere en dorpenaars wat swaar getrek het, het hulle tot die myn gewend vir uitkoms. Onder hulle was daar ook Duits-Suidwesters wat in Noord-Afrika en Europa vir Hitler geveg en gevangene geneem is, maar in die vredestyd na Tsumeb teruggekeer het.

Tsumeb het nog steeds die karakter van 'n Wilde Weste-dorp gehad. In die Minen Hotel uit die Duitse koloniale era en op ander drinkplekke op die dorp het die 500 stuks mynwerkers hard gekuier en vuisgevegte was algemeen. Vroumense was maar skaars, onthou Lukas: "Die vrouens wat hier gebly het, is gou opgevreet."

Lukas – wat nie gerook of gedrink het nie en graag vertel hy het hom as jong soldaat skoon selibaat geskrik vir die gruwelfoto's van geslagsiektes in Kaïro se sogenaamde Hygiene Museum – het 'n stoeiklub, rugbyklub en liggaamsbouklub begin. As speler, kaptein, afrigter en organiseerder van Tsumeb-rugby het Lukas dikwels net voor 'n wedstryd sy span saamgestel deur die mynwerkers voor te keer wanneer hulle ná hul ondergrondse skof boontoe kom. 'n Beeslorrie was die spanbus wanneer hulle op Grootfontein of elders gaan speel het.

Daar was 'n ongemaklikheid tussen die Suidwesters van Afrikaanse oorsprong en dié van Duitse afkoms, onthou hy. Die Duits-Suidwesters was, nes tydens en ná die Eerste Wêreldoorlog, kwaad omdat hulle geglo het die Afrikaners het hulle verraai deur aan Engeland se kant in die oorlog te veg. Het honderde Duitsers dan nie as vrywilligers vir die Boere teen dié einste Engelse gaan veg nie?

Die Duitsers van Tsumeb het aanvanklik geweier om Afrikaans te praat en hulle eenkant gehou. Maar namate meer Suid-Afrikaners hul weg na Tsumeb gevind het weens die myn, en soos die Suid-Afrikaanse regering se invloed verstewig het, het dinge verander. Duitswesters en Afrikaners het weer een gemeenskap begin word.

Daardie dae was jou .303-geweer maar altyd naby, en Lukas en van die ander mans in die dorp het in 1948 'n skietklub gestig en 'n baan gebou waar hulle teikens kon opsit. Om die oog in te hou, sien, en ná die dag se sports is daar saam gekuier. Maar Lukas-hulle se skietklub sou gou 'n militêre karakter begin aanneem.

In 1953 is soortgelyke skietklubs of -verenigings in Otavi en Grootfontein gestig – die ander twee dorpe wat saam met Tsumeb die hart van die Driehoek van die Dood sou vorm – en saam het hulle die Etosha-skietkommando gevorm. En in 1957 het dié skietkommando, soos soortgelyke verenigings oral in Suidwes-Afrika, deel geword van 'n meer formele militêre kommandostelsel. Alles was nog vreedsaam ... maar nie vir lank nie.

In 1962 het die Ovambo-gedomineerde vryheids-beweging SWAPO sy gewapende vleuel, PLAN, gestig en begin met die voorbereidings vir 'n gewapende stryd. Rekrute is vir opleiding na Oosbloklande gestuur en basisse is in Zambië gevestig. Teen 1965 was daar sporadiese voorvalle van PLAN-lede wat die noorde van Suidwes-Afrika binnegekom het – meestal om politieke vergaderings te hou, maar ook om opleidingskampe in afgeleë dele van die land te stig. In dieselfde jaar het die Etosha-kommando weer opgebreek in drie kommando's – Grootfontein, Otavi en Etosha (oftewel Tsumeb). Maar die stryd teen PLAN was nog steeds die Suidwes-polisie se werk.

Dít sou verander op 26 Augustus 1966, toe die eerste operasie op 'n PLAN-opleidingskamp uitgevoer is – by Ongulumbashe, binne die landsgrense van Suidwes-Afrika. Die polisie het in die beplanningstadium van die operasie besef hulle sou dit nie sonder militêre hulp kon doen nie. Dié het gekom in die gedaante van agt lugmaghelikopters en 'n buitengewone groep soldate onder leiding van Jan Breytenbach, wat een van die legendes van die Bosoorlog sou word. Die klein groep wat hy by Ongulumbashe aangevoer het, was die begin van Suid-Afrika se Spesiale Magte. Jan sou natuurlik later ook die "vader" van 32 Bataljon word, en valskermsoldate lei tydens die lugstormoperasie teen die SWAPO-basis by Cassinga in die suide van Angola.

Maar dit was alles nog in die toekoms. Ongulumbashe word vandag deur SWAPO gehuldig as die eerste slag van sy bevrydingsoorlog. Daar was 17 guerrillas in die kamp toe die aanvalsmag toeslaan. Twee is doodgeskiet, nege gevang en die res het gevlug.

Intussen het dit duidelik begin word dat oorlog nog nie klaar was met die voormalige vlugsersant Lukas Nel nie. Dié veteraan van Noord-Afrika en Italië wat so sat was vir vlieg dat hy nie eens met hoenders wou boer nie, was besig om heropgelei te word – maar hierdie keer as 'n volwaardige infanteris wat huis en haard in die doringbos van sy tuisdistrik moes beskerm. Hy het die een ná die ander bevelskursus gedoen, in Windhoek en in Suid-Afrika, en vinnig deur die offisiersrange gevorder.

In 1969-'70 het hy bevelvoerder van die Tsumeb-kommando geword. Dissipline onder die lede van die plaaspelotons – "Afrikaners, Engelse, Herero's, Damaras, enige ding" – het hy afgedwing met 'n haarknipper en 'n rottang.

Vir hom was dit alles sommer kinderspeletjies, vertel Lukas. Hy kén regte oorlog; hierdie ding met die Swapo's was nie regte oorlog nie. Regte oorlog is 50 000 wit kruise in die woestyn van Noord-Afrika. Maar Lukas sou gou die pyn ervaar van 'n oorlog op jou eie werf, waar jou bure en vriende die slagoffers is ...

Honderde kilometers noord van Tsumeb, in Angola, was die Portugese koloniale bewind ook gewikkel in 'n oorlog, teen drie verskillende guerrillamagte – die MPLA, die FNLA en UNITA – wat in 1961 begin het. En in April 1974 was daar in Lissabon, Portugal, 'n politieke gebeurtenis wat Tsumeb direk sou raak: Die diktatuur van Marcelo Caetano is in 'n vreedsame staatgreep omvergewerp. Die nuwe sosialistiese regime het geen aptyt gehad om Portugal se duur koloniale oorloë voort te sit nie en het aangekondig hy gaan sy gebiede in Afrika prysgee.

'n Skietstilstand het gevolg, afgesluit met 'n ooreenkoms waarvolgens die drie Angolese rebellemagte 'n koalisieregering sou vorm in die aanloop tot 'n algemene verkiesing in Oktober 1975. Die datum 11 November 1975 is op die kalender omkring as Onafhanklikheidsdag.

Maar dinge het nie só uitgewerk nie. Die drie Angolese rebellegroepe het besluit om sake met die geweer eerder as met die stembrief uit te spook. Met die Portugese koloniale magte nie meer 'n faktor nie, het hulle teen mekaar begin veg. Die meeste van Angola se sowat 330 000 wittes het uit die land begin vlug – duisende van hulle suidwaarts, in die rigting van Tsumeb.

Dit was vir die regering in Pretoria duidelik dat die Russies gesteunde MPLA die oorhand in die Angolese burgeroorlog sou kry – veral met Kubaanse steun. En een gevolg daarvan was onvermydelik: Angola sou nie net 'n Marxistiese en waarskynlik vyandige staat op Suidwes se grens word nie, maar ook 'n veilige hawe vir SWAPO van waar Suidwes aangeval kon word.

Die tafel was gedek vir 'n lang en bloedige Bosoorlog. Aan die Suidwes-kant van die grens, waar die weermag in 1974 reeds die rol van die polisie ten volle oorgeneem het, sowel as in Angola, waar Suid-Afrikaanse ingryping aan die kant van die FNLA en UNITA in 1975 – bekend as Operasie Savannah – maar net die eerste van baie oorgrensoperasies sou wees.

En vir oom Lukas en die mense van die Tsumeb-kontrei sou die oorlog baie meer persoonlik raak. Hier, op hul eie werf, waar die Tsumeb-Otavi-Grootfontein-gebied PLAN se belangrikste doelwit sou word. Tydens die staatsgreep in Lissabon is daar blomme in die soldate se geweerlope gedruk. Maar SWAPO sou nie met blomme uit sy nuwe Angolese skuilplekke na die Driehoek van die Dood kom nie.

5 Roepsein Een Zero Nege

Een dag in 1975 het die skril, gebiedende roep van die telefoon die koms van Pompie se Oorlog aangekondig. Een korte en twee langes: Koedoesvlei se lui. Alle boere moet dié Saterdag 'n vergadering bywoon waar hulle deur weermagoffisiere toegespreek sal word, het sy die stem in die gehoorstuk hoor sê. Dis verpligtend.

Net dít, g'n woord meer nie, sou sy drie dekades later in haar persoonlike herinneringe skryf. Kastig 'n versoek, maar vir haar het dit meer soos 'n bevel geklink.

Die boere het binne minute die plaaslyn begin warm bel: "Het julle gehoor?" "Wat wil die weermag met óns doen?" "Gáán julle?"

Pa Danie, soos Pompie haar man genoem het, het gebrom die weermag kon darem gesê het waaroor dit gaan. Die ander boere was ewe vies. Wie is die weermag om húlle rond te *order*? Maar hul nuuskierigheid het die oorhand gekry en so 'n vergadering is mos darem ook 'n kans om bietjie te kuier, of hoe?

Die Saterdag op die aangewese plek het die mans kringetjie gemaak om te praat terwyl die vroue skinkborde vol kos ronddra en die kinders eenkant speel en swem.

Selfs oom Charlie Taljaard, die erkende leier van die boerevereniging, het nie geweet waaroor dit gaan nie.

Die geroesemoes het stil geword toe Lukas Nel, medeboer en veteraan van die Tweede Wêreldoorlog, sy opwagting maak in die bruin uniform van die leër. 'n Klein mannetjie met 'n groot stem, was hoe Pompie hom beskryf het. "Die kommando het julle almal nodig," het hy verduidelik. "Sluit nóú aan as vrywilligers; julle moet opgelei word, want as die bom bars ... "

En net daar het ou Lukas weggetrek met die Slag van Tobroek en El Alamein, soos hy maar gedoen het wanneer hy die kans kry. Pompie en haar bure se eerste reaksie was verbasing. Dit klink soos oorlogspraatjies, maar wat het dit met húlle te doen? Hulle is boere, nie soldate nie. Aansluit as vrywilligers? Wie gaan die plaaswerk doen?

Dis nie asof hulle nie bewus was van SWAPO nie, maar daar was toe nog geen ernstige aanvalle op burgerlikes in Suidwes nie. En beskerming is mos die polisie en weermag se werk. In Angola was die jare lange en chaotiese vryheidsoorlog besig om hom uit te speel, maar dit was mos ver ...

Daantjie se antwoord op die pleidooi om by die kommando aan te sluit was nee – hy wás mos drie jaar in die lugmag; hy het sy deel gedoen. "Die Boereoorlog is lankal verby; nou boer ons net," het nog een sarkasties laat hoor. "'n Boer kan klaar skiet; moenie ons kom probeer leer nie," het dit omgekrap van 'n ander gekom.

Lukas het deurgedruk. "Almal wat aansluit, staan vorentoe ... niemand nie?" Net daar het die vergadering verdaag en almal is terug na hul plase toe, Lukas sonder enige nuwe rekrute vir sy dreigende Tobroek in Afrika se bos.

Maar net 'n maand later is die boere weer ontbied, hierdie keer na die polisiestasie op Tsintsabis. En hierdie keer verloop dit sommer baie anders. In haar vertelling oor dié dag verklap Pompie nie waarom nie. Sy verskaf nie die datum nie, maar dalk was dit toe al duidelik dat die Suid-Afrikaanse ingryping in Angola se interne oorlog, Operasie Savannah, nie die uitkoms daarvan sou bepaal nie. En dat daar in Luanda 'n regering aan die bewind sou kom wat SWAPO sou steun in sy oorgrensaanslag op Suidwes.

Of miskien het opdrifsels van die gevalle koloniale bewind in Angola toe reeds oor die grens tot in Tsumeb begin spoel. Duisende Portugese burgerlikes het suidwaarts gevlug met alles wat hulle kon saamvat, in klein sedanmotors of beeslorries. Tsumeb was die eerste groot dorp suid van die Angolese grens en daar het hulle in tente gebly terwyl hulle gewonder het waarheen volgende. Die dorpenaars het hul harte oopgemaak en hulle gevoed en geklee en babas help versorg. En hulle het die Portugese gesinne se kosbare erfstukke, van fyn porselein tot antieke meubels, vir 'n appel en 'n ei opgekoop.

Die vlugtelinge het grusame verhale vertel van verkragtings en erger deur die soldate van die verskillende Angolese rebellemagte wat padversperrings op die pad na die Suidwes-grens beman het. Tsumeb se gemeenskap het nie mooi geweet of hulle hierdie stories moes glo of nie.

Maar hoe dit ook al sy, op daardie tweede vergadering, skryf Pompie, het haar Daantjie op 'n kol stilte gevra en toe summier aangekondig: "Vriende, ek sluit aan; kom val agter my in. Kry die vorms reg!"

En hulle hét – man en muis, die oues bewend op hul kieries. Onder groot gelag en geskerts, want die boere gaan nou oorlog speel.

Pompie se herinneringe lê opgesluit in 28 velle papier, ongekram en ongebind. Sy het dit met die hand geskryf nadat 'n veteraan van die Bosoorlog haar op straat voorgekeer en gevra het: "Maar is jy dan nie tannie Pompie van die radio nie?" Dit was baie jare later en honderde kilometers ver van daardie bloedige arena af, maar haar gerusstellende stem was nog vars in sy ore. Net daar het hy 'n R50-noot uit sy beursie gehaal en vir haar gegee met die versoek dat sy dit gebruik om 'n boek te skryf en te laat uitgee; hy sal dit darem graag wil lees.

Daar was nooit 'n boek nie, maar Pompie het daardie geldnoot bewaar tot die dag van haar dood. Riana, wat as volwasse vrou die soort noue verhouding met haar ma ontwikkel het waarna sy as onbegrypende kind so gesmag het, het die handgeskrewe vertelling egter netjies laat tik. Die toon daarvan is meestal lighartig, amper soos die dagboek van 'n verliefde skoolmeisie. En Pompie wás verlief – op haar gemeenskap, die plaas, haar man en gesin. Sy was verlief op die groot avontuur en die radio's wat haar deel daarvan gemaak het, verknog aan die skimstemme in haar ore wat die oorlog help voer het. Die lang, slapelose nagte tydens infiltrasies, die privaatheid van haar huis wat te alle ure gebres is deur tientalle vuil, moeë mans, die honderde potte kos wat gekook moes word – dít alles beskryf sy met vrolike bravade.

Net van die donker dele skram sy weg. Haar pen het sy nie te diep in die bloed, angs en smart van daardie dae gedoop nie.

Só beskryf sy die dag – nie lank ná daardie vergadering op Tsintsabis nie – toe boere oud en jonk, sterk soos kameeldoringbome of brokkelrig soos droë blare – saamgetrek het om hul uniforms te ontvang. Twee bruin hemde en broeke, webbelt van groen seil, stewels en 'n slap boshoedjie vir elkeen. Ook vir die vroue wat saam met hul mans aangesluit het. Daar is gelag oor als wat te groot of te klein is, kruisbande wat gebruik is om uniformbroeke bo te hou, bonkige leerstewels te swaar vir ou voete wat gou vervang is deur sagte, uitgetrapte ou velskoene. Die jong bulletjies het hul boshoedjies windmakerig skeef oor een oog afgetrek.

Pompie se rekord van dié dag getuig van haar deernis vir haar mense: "O! Ek lief is vir hulle almal, so trots, al water die ou oë ook al." Dit spreek ook van haar vasbeslotenheid om deel daarvan te wees. Toe sy self wou gaan aansluit, word sy vertel sy is medies ongeskik. Maar Pompie was nie van plan om dit daar te laat nie. Haar liggaam was dalk nie meer jonk en fiks genoeg vir marsjeer en *leopard crawl* nie, maar haar verstand was helder. 'n Bydrae wou sy maak.

Naweke, ná die week se werk op die plase, het die boeregesinne laer getrek vir opleiding. Selfs hierdie geleenthede het meer soos 'n nagmaal-piekniek gevoel as lesse in oorlogvoering. Daar is wavragte vol kos aangery vir etes in die buitelug, gekampeer en groepies gemaak vir lesings. Dit was vir Pompie 'n trotse dag toe haar Daantjie aangestel is as die bevelvoerder van hul gebied se plaaspeloton, met hul skoonseun as sy regterhand. Skielik was hulle luitenant Daantjie en skutter Hendrik.

Maar Pompie kon nêrens lekker inpas nie.

Toe besluit sy maar om sake in eie hande te neem en die kommando se seinoffisier te gaan inlig dat sý voortaan die sit-en-praat-werk agter die radio sou doen, aangesien hý heeltemal fiks genoeg lyk om met 'n geweer rond te hol. Sy het radio-opleiding begin kry in hoe om die battery te laai, hoe om haar weg tussen die kanale en frekwensies te vind, hoe om die militêre radiotaal te praat en hoe om antennas te prakseer. Een aand laat het die einste seinoffisier, Henry Penderis, vir haar 'n manpak-radio Koedoesvlei toe gebring – dieselfde soort wat troepe in die veld op die rug dra. Met net een battery en 'n laaiertjie, maar Pompie het haar hart en siel in haar nuwe taak as volwaardige lid van die Tsumeb-kommando gestort.

Radio's en radioverkeer was daar baie in die operasionele gebied. Daar was die sogenaamde manpak-radio's wat deur een man in elke infanterieseksie van tien op die rug gedra is, die kragtiger radio's in die Ratels en ander voertuie, en die radio's in die seinkamers op basisse oral in Suidwes en Suid-Afrika. In elke eenheid en subeenheid, van die hoogste tot die laagste vlak, het die radio's en seiners hul nis gehad. Enigiets van alledaagse logistieke aanvrae tot gevegsorders en vuurleidingsbevele tot koördinasie tussen lug- en grondeenhede is per radio gedoen.

Maar Pompie was nie jou gewone seiner nie. So te sê alles omtrent haar was buitengewoon. Sy het nie met 'n uniform en geweer, radio op die rug, deur die bos gestap nie. Sy het ook nie in 'n seinkamer in 'n militêre hoofkwartier gewerk nie. In die geskiedenis van die Grensoorlog was sy uniek. Watter ander vrou het in haar plaaskombuis gesit en boodskappe deurgegee tussen twee vegtende subeenhede in die bos in Angola, honderde kilometers weg? Nie omdat dit amptelik deel van haar pligte was nie, maar omdat sy kón. En as Pompie kón, dan hét sy ... of dit nou háár kanaal was om op te praat of nie.

Sy het begin eksperimenteer met maniere om die opvangs op die plaas te verbeter met wat sy ook al self in die hande kon kry. Daantjie en Hendrik is aan die werk gesit om Koedoesvlei se eerste radiomas te prakseer, want staaldraad het 'n boer mos baie. By 'n poskantoortegnikus het sy 'n katoeter of twee gaan bedel. Elke dag het haar metodes, wat jy nie sommer in enige seinhandboek sou opspoor nie, die wêreld al hoe meer vir haar ore laat oopgaan.

Selfs in die kommando met sy ietwat onortodokse samestelling van boere en plaaswerkers moes daar posbeskrywings op papier wees sodat betalings en administrasie gedoen kon word. Só is Pompie die posbenaming van "pelotonseiner" vir Daantjie en Hendrik se spoorsnyspan gegee. Sy skryf: "'n Heel nuwe wêreld gaan vir my oop, 'n wêreld vol sein, ek eet en ek slaap sein maar hoofsaak(lik) is ek diensbaar ... ek werk en ek weet ek kan en ek weet ek help my mense en hulle weet hulle kan op my staatmaak."

Pompie was oorgehaal vir haar oorlog. Die oorlog van Roepsein 1Ø9,[2] soos sy in formele radiotaal sou heet. 'n Sluitsteen in die onsigbare koepel van kommunikasie oor die operasionele gebied waarsonder die mans in die bos blind, doof en stom sou moes veg.

In die winter van 1976 sou Daantjie, Pompie en die Tsumeb-plaasgemeenskap se vuurdoop kom. Die familie het op Koedoesvlei saamgetrek om bees te slag en op die agterstoep vleis te bewerk en wors te stop. Daantjie wou die trekker net 'n entjie skuif en het sommer die aansitter gedraai terwyl hy langsaan op die grond staan. Die trekker het vorentoe gedreun met die groot agterwiel tot bo-op

---

2   Die Weermag se radio-operateurs het die syfer 0 (nul) altyd met 'n skuins streep deur geskryf en uitgespreek as "zero" om dit te onderskei van die letter o, wat in die internasionale radiospelalfabet as "Oscar" uitgespreek word.

Daantjie se voete, en toe gestaak. Hendrik was eerste by om hom onder die wiel uit te kry. Ná 'n nag van pyn en geen slaap nie het Daantjie ingestem dat hy dokter toe geneem word, waar dié verklaar het die beentjies op die brug van albei voete was gebreek.

En net twee dae later skril die telefoon, een korte en twee langes: Die *terrs* is "in"; SWAPO beweeg suidwaarts deur die gebied; Daantjie en sy peloton moet dadelik rapporteer.

Pompie het probeer keer: Met gebreekte voete kan jy tog nie gaan veg nie. Maar hoor is min en Hendrik moes help om die stewels aan Daantjie se geswelde voete te kry voordat hulle in die ou groen Kombi daar weg is om te gaan aanmeld. Daantjie sou die rywerk doen terwyl Hendrik aan die polisie afgedeel is om op die spoor te loop. Pompie het agtergebly met haar radio en 'n swanger Olivia.

Daardie eerste infiltrasie was 'n harde leerskool vir almal. Hendrik en die polisie-eenheid het in 'n hinderlaag beland en moes daardeur veg; Daantjie het in die veld gebly met sy gebreekte voete om te koördineer so goed hy kon; Pompie se ore het op die spoor gebly, al het die kommando se reaksiespanne verder en verder wegbeweeg.

Daar is vir die vroue se veiligheid gevrees toe van die Swapo's op Koedoesvlei afgepyl het. Hulle het toe weggedraai – maar nie voordat Pompie die skote gehoor het waarmee twee van Hendrik se bokke op die buurplaas deur die honger insypelaars geskiet is nie.

Nog later het sy en Olivia om veiligheidsredes na een van die ander plase verskuif, maar die mense was nie daar nie en hulle moes hulle in gietende reën op die stoep tuismaak. Vir Olivia se gemak was daar net 'n kombers en 'n kussing op die sementvloer. Pompie het haar radiowerk voortgesit nadat sy jong Danie – of Mannetjies, soos die gesin hom genoem het – met 'n "lyntjie" in 'n boom opgestuur het om beter ontvangs te kry.

Nadat die naaste groep terroriste weer wegbeweeg het, is Pompie-hulle terug na Koedoesvlei, waar daar 'n mensegemaal in die huis en op die werf was. Kommandolede en SAW-lede het gedurig gekom en gegaan, op soek na iets te ete of 'n uurtjie se slaap of 'n vinnige bad in die swemdam. Daar was gryse ou boere met min krag in hul bene, maar genoeg krag om met 'n geweer aan te lê en te skiet. Pompie en haar helpers het gekook en gebak en geslag om almal te voer, en stapels klere gewas. Wanneer Daantjie by die huis 'n draai kon maak, is sy voete so goed moontlik versorg. En altyd was haar oor teen die radio om inligting en bevele af te neem en te herlei.

"Ons manne is moeg en voetseer," skryf sy, "maar die oë blink en die monde lag. Ek is ook moeg, die dae is lank en soms stotter ek net, die stembande begin ingee."

Eindelik begin die radioberigte uit alle rigtings instroom dat die vyand "uit" is, dat hulle omgedraai het en noordwaarts hardloop na die Angolese grens met die soekspanne op hul hakke. Soos die mans was Pompie uitgeput, maar trots en tevrede: Sy was diensbaar; sy kon iets doen vir die gemeenskap vir wie sy so lief is, vir die manne in die veld.

Die vuurdoop van 1976 was agter die rug, maar SWAPO sou weer en weer "inkom" vir die jaarlikse Winterspele. Pompie se toorkuns met 'n radio het net al hoe beter geraak. Daar was skynbaar niemand wat sy nié kon hoor nie, geen kanaal waarop haar stem nie onverwags opgeklink het as die nood hoog was nie. Met haar B16-radio, reikafstand amptelik net 100 myl, het sy met seiners in Port Elizabeth gepraat, kon sy Potchefstroom hoor.

Almal in die bos was haar vriende. Sy kon enigiets vir hulle doen: vleis reël vir 'n braai vir gevegsmoeë troepe; nuwe stewels optower vir voetseer valskermsoldate wat terugstap uit Angola. Toe sy oor haar radio hoor 'n troep is dodelik siek weens bysteek, gee sy raad: Kap 'n vars ui op en bind die stukkies teen die bysteek vas. Die ongelukkige knaap se swelling het feitlik onmiddellik begin sak en hy kon gou weer moeiteloos asemhaal.

Sy het haar ook nie deur senior offisiere laat hiet en gebied wanneer sy die dag gedink het sy weet beter nie. Soos haar reputasie toegeneem het, het die radio's op haar kombuistafel ook meer en kragtiger geword. Nog antennas en radiomaste het op Koedoesvlei se werf verskyn en 'n groot mobiele kragopwekker is daar afgehaak. Weermagseiners het haar raad begin vra en soms is sy gevra om hulle op te lei.

Maar wanneer sy gevra is hoe op aarde sy dit regkry om als en almal te hoor en met hulle te praat wanneer die weermag se eie seiners misluk, het sy net geglimlag. Haar geheim, 'n antenna in die vorm van 'n omgekeerde V, het sy nie verklap nie.

Daar was die dag toe die telefoon weer skril. Lyn 16: Bertus uit die Mangetti noord van Etosha. Terroriste het geskiet op die boorman se bakkie, Boesmanwerkers en 'n dienspligtige agterop. Twee Boesmans het met maagwonde die bosse in gehardloop; die dienspligtige het 'n skoot deur die nek.

Pompie het nie radioverbinding met Bertus daar op sy pos in die Mangetti gehad nie, maar met die telefoon teen een oor en die radio teen die ander het sy deurnag gewerk terwyl die reaksiespanne na die aanvallers en gewonde Boesmans soek en die dienspligtige afgevoer word.

In Pompie se onthou van hierdie tye sien jy gou 'n patroon raak: haar trots op haar gemeenskap en haar radiowerk. Haar liefde vir al die manne in die bos, bekend en onbekend, met wie sy daagliks praat. Dankbaarheid omdat sy van nut kan wees in hierdie oorlog. Liefde vir haar gesin.

Mettertyd is dit nie net meer tydens die infiltrasies dat Koedoesvlei soos 'n militêre basis in die kleine lyk nie. Daantjie en Hendrik kry die taak om 'n span spoorsnyers te werf en op te lei. Dié Boesmans en hul gesinne kom woon op die plaas, waar Daantjie en Hendrik hulle leer om te dril, om te skiet en hoe om hul natuurlike kennis van die veld vir mensejag aan te wend.

"In ons harte weet ons nou dat dinge nooit weer normaal kan word nie, dat niemand weet wat die dag van môre gaan oplewer nie; ons begin daarvolgens lewe. Bly gereed en bly werksaam."

Een onheilspellende inskrywing in haar herinneringe, soos 'n doemprofesie wat waar geword het, tref dadelik die oog: "En toe kom 1979, ag, het hy maar nie gekom nie ..."

Dinge sou inderdaad nooit weer dieselfde wees nie.

6 61 Meg

Die belangrike bevelvoerders in die geskiedenis het soms met groot vertoon oorlog toe gegaan.

In die Middeleeue het ridders groot somme geld bestee om net die beste, spoggerigste lyfpantser te koop wat hulle kon bekostig. Nie net omdat die duur pantser hulle beter teen swaard- en bylhoue beskerm het nie, maar ook om hul status op die slagveld te verkondig.

Wie kan vergeet hoe generaal Douglas MacArthur in die Tweede Wêreldoorlog soos 'n engel van wraak uit die see gestap gekom het, 'n Amerikaanse amfibiese invalsmag agter hom, om die Japannese uit die Filippyne te verdryf? Die boodskap van dié fynbeplande foto-oomblik was dat hy, MacArthur, sy belofte nagekom het om terug te keer nadat hy twee jaar vroeër voor die onstuitbare Japannese leër moes vlug.

Dis nie hoe Roland de Vries een dag vroeg in Januarie 1981 oorlog toe gegaan het nie. Hy het dit gedoen op dieselfde manier as die duisende gewone troepe voor hom, vasgegespe in die kaalgestroopte maag van 'n C-130 Hercules-vragvliegtuig vir die lang vlug noordwaarts. Langs hom was sy klein kinders, Roland jr. en Elmarie. Die

37-jarige kommandant was op pad na Ovamboland om die bevel te aanvaar van 61 Gemeganiseerde Bataljongroep (oftewel 61 Meg), die Suid-Afrikaanse Leër se mobiele ystervuis. Dis 'n taak waarvoor hy in die wieg gelê was.

Die eenheid was toe net ouer as twee jaar en die man wat die leisels aan Roland sou oorhandig, was kommandant Johan Dippenaar, 'n baanbreker uit eie reg. In Oktober 1978 was Dippenaar saam met die destydse hoof van die Leër, luitenant-generaal Constand Viljoen, op 'n inspeksietoer van kommando's – burgerlike vrywilligers verantwoordelik vir die beskerming van huis en haard – in die Karoo. Viljoen het hom gevra of hy sou belang stel om 'n permanente gemeganiseerde vegeenheid in die noorde van Suidwes-Afrika op die been te bring. Die klem sou wees op mobiliteit en vuurkrag, om SWAPO in sy Angolese vestings te vernietig en só die oorlog buite Suidwes te probeer hou.

Dippenaar was dadelik vuur en vlam.

Die nuwe eenheid sou by Oshivelo gestasioneer wees, op die suidelike rand van die operasionele gebied bekend as Sektor 10, oftewel Ovamboland. Op 5 Januarie 1979 het Dippenaar en sy gesin op Oshakati aangekom, waar hulle sou woon. Dippenaar se bloudruk het voorsiening gemaak vir 'n snykant wat sou bestaan uit twee gemeganiseerde infanteriekompanies toegerus met Ratel-vegvoertuie. Vir die hamerhoue sou daar 'n 81 mm-mortierpeloton, 'n tenkafweer-peloton, 'n pantserkar-eskadron en 'n artilleriebattery wees. 'n Troep werktuigkundiges, algemeen bekend as "tiffies", sou die wiele aan die rol hou.

Die senior leiersgroep sou staandemaglede wees en die junior leiers en troepe – die meerderheid in die eenheid – sou dienspligtiges wees.

Die gevegsgereedskap van die toekomstige 61 Meg het in die groot militêre stoorkompleks op Grootfontein gewag. Dit was die Ratels en ander toerusting waarmee Veggroep Juliet net die vorige jaar tydens Operasie Reindeer in Angola verwoesting gesaai het.

Die menslike klei waaruit Dippenaar die nuwe eenheid moes vorm, het by Oshivelo op hom gewag, nie ver noord van Tsumeb en die Driehoek van die Dood nie.

Die verre, verdeelde Berlyn het sy Checkpoint Charlie gehad – die streng bewaakte bres in die Berlynse Muur waar 'n mens die demokratiese Wes-Duitsland verlaat het om die kommunistiese Oos-Duitsland binne te gaan. Suidwes-Afrika het sy Oshivelo-hek gehad, wat met padversperrings en wagte en radiomaste gehurk het oor die grootpad wat noordwaarts tot by die Angolese grens gepyl het.

Dit was die hek waardeur elkeen van die derduisende Suid-Afrikaanse dienspligtiges moes ry om die arena van die Bosoorlog binne te gaan, oor die Rooilyn wat die begin van die operasionele gebied aangedui het. Die Rooilyn was in werklikheid die ou bek-en-klouseer-grens, wat bestaan het uit 'n smal sandpad en 'n gewone draadheining soos wat jy op plase aantref. Dit het in 'n reguit lyn van oos na wes oor die land gestrek.

Sodra jy noordwaarts deur die hek gery het, het jy regop gesit, want anders as in die verre Berlyn met sy Koue Oorlog het dinge hier soms baie warm geraak. En sommige van die seuns sou nie weer suidwaarts deur die hek ry om na hul geliefdes in Suid-Afrika terug te keer nie.

Hier by Oshivelo het Dippenaar die jong manne aangetref wat sy Ratels sou beman: sowat 200 infanteriste, hul tente soos dolosse tussen die bosse gestrooi. Hy het die omgewing verken en besluit op 'n plek sowat 20 kilometer verder noord om sy basis te bou, naby die noordoostelike hoek van die Etosha-wildtuin en net wes van die grootpad na Angola. Die Ovambo's het die plek Omuthiya genoem, wat "kameeldoringboom" beteken.

Die werk is gedoen deur 'n groep militêre ingenieurs bygestaan deur Dippenaar se infanteriste: sementvloere vir die tente, twee groot ablusieblokke, 'n kombuis en menasie groot genoeg vir 1 000 man, die groot paradegrond. Store, ammunisiebunker, reusevoertuigloodse, werkswinkels, dieselbunkers, kantore en siekeboeg, wagkamer en wagtorings het gevolg. Loopgrawe is gegrawe, die groot paradegrond uitgemerk en so hard soos 'n krieketkolfblad gerol.

Die Omuthiya-basis is op 17 November 1979 amptelik geopen as die permanente tuiste van 61 Meg. En dis hierheen dat Roland op pad was, na die eenheid wat so 'n bepalende deel van sy soldateloopbaan sou word.

Hy het in werklikheid 'n aandeel aan dié eenheid gehad nog voordat dit in die lewe geroep is. Hy was immers intiem betrokke by die ontwikkeling van die Ratel, wat die belangrikste strydros vir die Suid-Afrikaners se blitzkrieg-operasies in Angola sou word. En hy was een van die argitekte van die mobiele oorlogvoering waarin 61 Meg meesters sou word. Slaan vinnig en onverwags; slaan hard; slaan weer elders toe. Roland was daar toe die eerste drie Ratels uit die fabriek digby Centurion gerol het – en nou was hy op pad na Omuthiya, waar die reeds beproefde Ratels in bruin rye gewag het om weer en weer Angola se kwesbare buik te gaan oopvlek.

Sy naam sou sinoniem word met suksesvolle oorgrensoperasies teen SWAPO, die Angolese weermag en hul Kubaanse bondgenote. En ook met dié van 61, wat hy verder sou brei tot 'n gedugte mobiele krygsmag in die tradisie van Christiaan de Wet se Boerekommando's en Erwin Rommel se Afrika-korps.

Sonder sy uniform sou dit maklik wees om Roland met sy groot bril – so tipies van die styl van die 1970's en 1980's – vir 'n akademikus, ingenieur of dokter aan te sien. Maar dié wat hom ken, weet hy is gebore om soldaat te wees.

In sy outobiografie, *Eye of the Firestorm*, vertel Roland dat hy van kleins af niks anders wou doen as soldaat word nie. Skool was vir hom iets wat hy uit die pad moes kry om by die staande mag te kan aansluit. Foto's uit sy kinderdae wys hoe hy as kaalvoet-kannetjie op aandag staan en salueer, hoe hy die drilpeloton van die Hoërskool Transvalia in Vanderbijlpark inspekteer.

Sy jare lange opleiding, onder meer as infanterieoffisier en valskermsoldaat, beskryf hy as een groot avontuur wat hy met entoesiasme en bykans onuitputlike energie aangepak het. Die resultaat was daardie unieke kombinasie van 'n offisier nie net geskool in die praktiese kuns van oorlogvoering nie, maar met 'n strategiese en onkonvensionele brein wat nooit afgeskakel is nie.

Maar nou was hy op die punt om die klaskamer van die moderne slagveld te betree, 'n plek van diesel en stof waar lesse in bloed geskryf word. Die lang donkerkopman met 'n voorliefde vir Rudyard Kipling se *If* sou dié taak aanpak met 'n staalharde aggressie, getemper deur 'n diepe respek vir menselewens.

Vanaf Omuthiya sou hy die lang konvooie Ratels vol jong dienspligtiges, met hul hande om hul gewere geklem, noordwaarts na Angola lei. Dís die soort soldategemeenskap wat hy reeds goed geken en bemin het. En hy sou reg aan die einde daar wees om blad te skud met Kubaanse bevelvoerders en oor vrede te praat, die slagtings by die Lombarivier en Cuito Cuanavale nog vars in hul geheue.

Maar eers het daar 'n ander soort oorlog op hom gewag, baie anders as die konvensionele soort waarvoor 61 op die been gebring is. Een waarmee Johan Dippenaar reeds kennis gemaak het.

Omuthiya was met die grootpad langs net sowat 120 km van sy hoofdoelwit, Angola. Maar 97 km weg, in 'n suidoostelike rigting, was Tsumeb, die boonste punt van die Driehoek van die Dood. Baie van die plase in Tsumeb se kontrei was nog nader aan die Angolese grens, reg op SWAPO se besigste infiltrasieroetes.

SWAPO het Dippenaar nie kans gegee om sy basis rustig klaar te bou nie. In Mei 1979, skaars vier maande nadat die eerste tentpen op Omuthiya ingeslaan is, is die plaasgemeenskap geruk deur die wreedste aanval ooit op Suidwes-burgerlikes. Die meeste van die infiltreerders is later doodgeskiet of gevang, maar Tsumeb het vier geliefdes gehad om te begrawe. Dit was die begin van 'n nuwe, bloedige hoofstuk in die geskiedenis van dié kontrei.

Die volgende jaar, in April 1980, was dit weer sulke tyd. Hierdie keer was Tsumeb en 61 gereed, want Dippenaar het in samewerking met die polisie en die drie kommando's van die Driehoek – Etosha (Tsumeb), Grootfontein en Otavi – 'n reaksieplan uitgewerk om die plase te beskerm en die terroriste te jag wanneer hulle "in" is. Die PLAN-vegters het 'n duur prys aan bloed betaal en bitter min gehad om daarvoor te wys.

Dippenaar sou binnekort deur die Oshivelo-hek terugry na Grootfontein en daar op 'n Flossie klim om huis toe te vlieg, sy werk by 61 klaar, die eenheid aan Roland oorhandig. Maar SWAPO was nog lank nie klaar nie. Weer en weer sou hy die grens oorsteek – klokslag elke Aprilmaand, net ná die somer se reëns, wanneer daar staande water en veldkos was om van te leef. Hulle sou honderde kilometers ver deur die bos loop om hul visiere te rig op die dorpenaars en boere wat Roland se hegte vriende sou word.

Hy sou in die hart van Tsumeb woon; sy kinders sou saam met die kontrei se kinders skoolgaan. Hy sou saam met Tsumeb kuier, maar hy sou ook deel in die donker dae van die gemeenskap wat naby die magiese Groen Heuwel opgeskiet het.

7 Die Driehoek van die Dood

Vra jy vandag die mense van Tsumeb se wêreld of hulle die Roodts van die plaas Wildernis onthou, sal hulle jou dadelik vertel: Willem se waatlemoene was die heel lekkerste. Sny jy hulle oop op 'n snikhete somersdag in die koelte van 'n kameeldoringboom of frangipani, was die vlesige rooi harte soet en jou arms gou taai van die sop.

Ry 'n mens noordwaarts van Tsumeb af, kry jy 'n sandpad wat na regs afdraai nes jy binne sig van die radiomas by Tsintsabis se klein polisiestasie kom. Net 'n entjie met die sandpad af, aan jou regterkant, lê die plaas Wildernis.

Kyk 'n mens na ou operasionele kaarte van die noorde van Suidwes-Afrika, sal jy sien Tsintsabis is glad nie ver suid van die Bravo-kaplyn nie. Die Oshivelo-hek was op die Bravo-kaplyn en dus was die kaplyn ook deel van die Rooilyn.

Dit was Lukas se idee om dié ou plaagbeheergrens – net 'n reguit sandpad met twee plaasdrade aan weerskante – tot 'n sogenaamde kaplyn te ontwikkel. Die gebied onder die Bravo-kaplyn, na die suide, was die verantwoordelikheid van die Tsumeb-kommando. Die kaplyn se sandpad is elke dag skoongevee met groot boomtakke of sleepysters wat deur Buffel-troepedraers gesleep is. Dit was 'n eenvoudige waarskuwingstelsel. In die gladde sandpad is stewelspore maklik deur die patrollies raakgesien, selfs uit die lug. Daar was net een probleem: Die spore is eers opgemerk nadat die terroriste reeds die kaplyn oorgesteek het – soms ure of selfs 'n dag later. En dan was hulle al tussen die plase in.

Die Roodts was 'n uitgebreide gesin. Willem het vier kinders gehad by sy eerste vrou, Mart, wat oorlede is. Toe het hy weer getrou – met Lena, wat drie kinders van haar eie gehad het. En hulle het toe saam nog 'n kind gehad, 'n seuntjie. Lena se ma het ook by hulle gewoon.

Die mense van die buurplase net onder Tsintsabis onthou vandag, sowat 35 jaar later, nie meer al die kinders se name en ouderdomme nie, ook nie die ouma s'n nie. Hulle onthou die Roodts het geldelik ook maar gesukkel, soos die meeste boere van die kontrei. Maar hulle onthou veral Willem se lekker waatlemoene.

Op 8 Mei 1979 het Willem en Lena oudergewoonte hul bakkie vol waatlemoene gelaai en Tsumeb toe gery om dit te gaan verkoop. Ouma en twee kleintjies – die seuntjie was so drie jaar oud en die meisie nie veel ouer nie – het alleen op Wildernis agtergebly. Die ouer Roodt-kinders was in die koshuis op die dorp.

In 1979 het Tsumeb se plaasgemeenskap nog nie terreur geproe nie. Maar die mans wat daardie oggend uit die bosse gekom en die plaashuis binnegegaan het, sou dít binne 'n paar beangste hartkloppe verander.

In Koedoesvlei se kombuis, nie baie ver wes van Wildernis af nie, was Pompie by haar radio's, Daantjie ook êrens naby. Hy wou juis daardie oggend Wildernis toe gegaan het om te kyk na bulle wat hy dalk by Willem wou koop, maar dié het gesê nee, hy vat sy waatlemoene dorp toe.

Dan hoor Pompie oor een van die radio's 'n sukkelgesprek: Tsintsabis se polisiestasie soek hulp by SWASPES, die eenheid van die leër wat die kaplyn met motorfietse patrolleer. Baie dof, net elke paar woorde hoorbaar: Wildernis … bloed … moord …

Pompie het yskoud geword, maar dadelik ingegryp en gevra of die leërseiner háár kan hoor. Hy kon, en sy gee soos so dikwels raad: Knip 'n stuk draad êrens af, maak dit aan jou antenna vas en probeer weer. Dis 'n ruk stil en dan hoor sy die polisieman duidelik. 'n Groep van 40 terroriste het oor die kaplyn gekom … 'n Boesman het by die polisiestasie op Tsintsabis aangehardloop gekom en gesê daar's moeilikheid op Wildernis … Die polisie is te min om te gaan kyk; kan SWASPES gaan?

Die polisie en spoorsnyers het later die grusame gebeure op Wildernis hersaamgestel so goed hulle kon. Die ouma en dogtertjie is met bajonette in die huis vermoor. Die seuntjie het na buite gehardloop en onder 'n kar ingekruip, maar is uitgesleep en sy keeltjie is toe oopgesny. Daarna is als wat breekbaar was in die huis vernietig. SWAPO het sy spesiale eenheid wat gespesialiseer het in die infiltrasie van die plaasgebiede "Typhoon" genoem, en dit het inderdaad gelyk of 'n storm die huis getref het.

Daarna is hulle weer die bosse in, verder suid, dieper tussen die plase in. Op soek na nog slagoffers …

Net sowat 4 km verder aan met die sandpad verby Wildernis, na die oostekant, is die plaas Choantsas. Dit behoort aan Reinhard Friederich, 'n derdegenerasie-Duits-Suidwester wie se pa, Heinrich, saam met baie ander Tsumeb-inwoners van Duitse herkoms vir die duur van die

Tweede Wêreldoorlog in 'n interneringskamp opgesluit is. Die Suid-Afrikaanse administrasie, behep met die idee dat daar dalk Duitse spioene of saboteurs hier in die Afrika-bos kon wees, het sy pa gevra: "Dink jy Hitler gaan die oorlog in Europa wen?" Sy pa, 'n vreedsame boer maar trots op sy herkoms – en dalk met die Suid-Afrikaanse verowering van die koloniale Duits-Suidwes nie lank tevore nie wat nog krap – het ja gesê.

Die gevolg was dat Reinhard al sewe jaar oud was toe hy sy pa leer ken het. Intussen het hy so te sê wild saam met die Boesman-kinders op hul plaas grootgeword, dae aaneen in die veld deurgebring en die taal en veldkuns van die Haikum aangeleer. In Tsumeb se kontrei sê hulle Reinhard kan beter op 'n spoor hardloop as die Boesmans vir wie hy so 'n diepe respek het.

Maar Reinhard was sy eie mens – sterk, maar ook hardkoppig en rotsvas in sy oortuigings.

Vroeg in die Bosoorlog – elders in Suidwes het die eerste skote al in 1966 geklap – het hy die Boesmans op sy plaas militêr begin organiseer en bewapen. Vir hom was dit duidelik dat hy en die Boesmans op Choantsas – Haikum vir "die plek waar olifante bad" – as een familie moes optree om huis en haard te beskerm. Hulle het woordelose seine ontwikkel om mekaar te waarsku as daar terroriste op die plaas was: 'n draad wat gepluk word; twee drukke op die kontakplaatjie van 'n radio-handstuk. 'n Braaiplek het ook 'n vuurstelling geword. Wanneer Reinhard nie op die plaas was nie, het die huis altyd oopgestaan sodat die Boesmans kon inkom om die radio of telefoon te gebruik om hulp te ontbied.

Sommige boere in die kontrei het skerp teenoor hom uitgevaar oor die bewapening en opleiding van sy plaaswerkers, gewaarsku hulle sou hom en sy gesin vermoor.

In 1979, vertel Reinhard, het die polisie en die leër nie altyd goed saamgewerk nie, nie inligting gedeel nie en in hul eie rigtings getrek. Reinhard het as spoorsnyer saam met die polisie gewerk en wou eers niks van die kommando se spoorsny-pelotons weet nie. Na sy mening het die polisie die beste spoorsnyers gehad, maar die leër was oorkoepelend in beheer en die polisie kon nie die spoor vat sonder hul toestemming nie.

Die gebeure van 8 Mei het in Reinhard se kop net sy agterdog jeens die leër se metodes geregverdig. En die oorlog 'n persoonlike ding vir hom gemaak.

Die eerste wat hy wis van die bedreiging in die omgewing was toe 'n polisievriend hom bel om hom te waarsku: "Reinhard, ek oortree nou. Die leër het opdrag gegee dat ons niks sê nie, maar ek kan nou nie anders nie: Die Roodts is vermoor; die terroriste is daar naby jou."

Uit Reinhard se vertelling blyk dit die kommando het die vorige nag al 'n hinderlaag vir die terroriste gelê nadat daar inligting gekry is dat die groep "in" is. Die boere is nie in kennis gestel nie, blykbaar om paniek te voorkom. Maar die Swapo's het die hinderlaag op die een of ander manier vrygespring.

Op Koedoesvlei het Daantjie op die groot muurkaart gekyk toe Pompie van agter die radio's laat weet die vyand is blykbaar van die Roodts se plaas af verder suid. En verstar. Die plaas van Adolf Friederich, Tsutsab, was reg op die guerrillas se pad.

Daantjie het dadelik Tsutsab se mense gebel om hulle te waarsku. Op Choantsas het Reinhard dieselfde gedoen, want Adolf Friederich was sy oom. Dis nie seker wie van hulle tante Friederich eerste bereik nie, maar die antwoord was dieselfde: Dis te laat. Haar man het sy geweer gevat en na buite gegaan om die indringers van die huis af weg te hou, maar hulle het hom van naby doodgeskiet. Daarna is skote op die huis geskiet, maar die tante het padgegee en hulle het weer die bos in verdwyn.

Intussen het Pompie die kommando se hoofkwartier op Tsumeb gekontak om die inligting deur te gee, maar in haar herinneringe skryf sy dat sy aangesê is om nie die ander boere te waarsku nie omdat sy net paniek sou saai. Dis egter nie die soort opdrag waaraan Pompie haar gesteur het nie. Sy probeer toe "my vriend David by Spes (SWASPES)" kontak, maar word vertel hy is in 'n vergadering; hy kan nie gesteur word nie. Wat dan van Ben, sy tweede-in-bevel? Nee, hy's ook in die vergadering. Die Groot Grootbaas is mos by hulle …

"Maar gaan kry dan die Grootbaas self vir my," dring Pompie aan. Die seiner aan die ander kant stry, sê sy is haar varkies kwyt en haar kop gaan waai. Maar eindelik gee hy bes.

"Ek wen. Hier kom oom Jannie (Geldenhuys) in lewende lywe, sonder dat my kop waai, en sit die wiele aan die rol. En hulle hét gerol, wat 'n dag …"

Daardie dag was sy so besig op haar radio's soos nog nooit tevore nie. Haar Daantjie en Hendrik is bos toe; Olivia en haar kinders het Koedoesvlei toe gekom van die buurplaas af soos altyd as die terrs "in" was. Tussen die afneem van inligting en deurgee van seine tussen die verskillende reaksiespanne in die veld het Pompie tyd gemaak om te reël dat iemand Willem Roodt-hulle op 'n gepaste manier gaan inlig oor die moorde op Wildernis; hulle mag nie die nuus op straat hoor daar waar hulle waatlemoene smous nie.

"Ons was tot in ons siele geskok, het nooit kon droom dat so iets wel in ons gemeenskap kon gebeur nie. Nie só nie. So wreed nie," skryf sy oor daardie dag toe SWAPO sy oorlog van terreur na Tsumeb se kontrei gebring het.

Reinhard was meer as net geskok. Hy was siedend kwaad en gefrustreerd. Hy het hom dadelik met sy eie span spoorsnyers van Choantsas by die polisie gaan aansluit, oorgehaal vir die jag. Maar die kommando was op die spoor en die polisie is nie losgelaat nie. Uur ná uur het hy sit en wag terwyl dit kook in hom.

Adolf Friederich is halftien, tienuur die oggend dood; die Roodts nog vroeër. Dit was eers laatmiddag, toe die son uit die lug begin val, dat die kommando laat weet het hulle het die spoor verloor op moeilike terrein – die polisie kan nou maar oorvat.

Sy span het die spoor maklik gelees, vertel Reinhard baie jare later, duidelik genoeg om dit teen 'n drafstap te volg, kilometers ver. Maar die son was haastig bed toe en dit het gou te donker geword om dit verder te volg.

Die volgende oggend het hulle weer die spoor gevat waar hulle hom die vorige aand gelos het.

As die spoor op maklike terrein is, soos oop sandveld, kan dit baie vinnig gevolg word deur 'n spoorsnyer wat voor hardloop terwyl hy deur 'n groep geweerskutters of polisiemanne in 'n Ratel, Buffel of Casspir gevolg word. Só is terroriste letterlik in die grond in gehardloop weens uitputting en omdat hulle nie kon verpoos om kos en water te kry nie. Was hulle boonop gewond en verswak weens bloedverlies, was daar gewoonlik net een uiteinde aan die hakkejag.

In beboste terrein is dit moeiliker om die spoor te volg,

veral vir een man. Maar die tempo van agtervolging kan versnel word as 'n span spoorsnyers in gelid werk. Die middelste man bly op die spoor en die ander hardloop links en regs van hom, binne sigafstand sodat hulle met handtekens kan kommunikeer. As die middelste man dan sien die spoor swenk skielik weg na links – dalk weens 'n groot haak-en-steek-bos of ander natuurlike versperring – gee hy die teken aan sy makker links van hom: Kyk, die spoor moet nou daar voor jou wees. En as dié bevestig hy het die spoor oorgevat, skuif die hele gelid oor na links sodat die nuwe man nou in die middel is.

Weens hul kennis van die omgewing kan hulle ook soms bepaal waarheen die terroriste koers kies, hetsy na 'n waterpunt of natuurlike baken soos 'n berg, of 'n mensgemaakte navigasiepunt soos 'n pad of spoorlyn. Dan kan die spoorsnyers met 'n helikopter of voertuig gou vier, vyf kilometer vorentoe geskuif word en weer die spoor vind, om die *terrs* sodoende in te haal en kontak te maak. Of 'n tweede eenheid kan voor die guerrillas ontplooi word om hulle af te sny.

En altyd as die spoor warm is, sirkel die Alouette-*gunships* oor die groen blaredak van die bos, hul 20 mm-*gunners* reg om die dood uit die lug te laat reën.

Die guerrillas was uiters fiks, gehard en bedrewe in die kuns van ontwyking, maar wanneer die kaarte reg geval het vir die veiligheidsmagte, was dit soos 'n jakkalsjag en was die uiteinde gewoonlik dieselfde.

Die oggend ná die moorde op die Roodts en sy oom het Reinhard se span goed gevorder op die spoor. Die *terrs* was op pad "uit", noorde toe, in 'n desperate wedloop om die veiligheid van die Angolese grens te bereik voordat hulle ingehaal word. Maar Reinhard-hulle was ver agter omdat die donker hulle die vorige nag gedwing het om agtervolging tydelik te staak – en hulle neem toe die berekende risiko om vorentoe te spring en voor die terroriste 'n hinderlaag te gaan lê.

En dís waar die leër en die polisie toe weer teen mekaar werk, vertel Reinhard.

Hy en sy span het aan die verste kant van 'n pad hul hinderlaag gelê en gewag vir die terroriste om oor die pad te kom, wat hulle maklike teikens in die donker sou maak. Maar die leër – nie 61 in hierdie geval nie, maar SWASPES – het 'n ander plan gehad: om te keer dat die Swapo's oor die pad kom. Hul soldate het op motorfietse op en af in die pad gejaag en soveel lawaai moontlik gemaak om die guerrillas af te skrik. Dit het nie gewerk nie. Die terroriste het bloot gewag totdat die motorfietse verby was en toe oor die pad gestap. Maar Reinhard-hulle se polisie-hinderlaag is beduiwel, want die *terrs* het toe op 'n ander plek die pad oorgesteek.

Intussen is kommandant Johan Dippenaar van 61 Meg op dieselfde dag opdrag gegee om oorhoofs bevel te neem van die operasie om die infiltrasie in die kiem te smoor. In sy bevelsoorsig vir die jaar 1979 skryf Dippenaar saaklik: "Generaal-majoor Willie Meyer, bevelvoerder van Kommandement Suidwes-Afrika, het my versoek om na Tsumeb te kom waar ek kommandant Lukas Nel, van die Tsumeb-kommando, op 9 Mei 1979 ontmoet het.

"My bevele was om die SWAPO-infiltreerders in die plaasgebied op te spoor en te vernietig om te keer dat hulle nog boere doodmaak."

Die kodenaam was Operasie Carrot, met die taktiese hoofkwartier op Tsumeb en Lukas se Tsumeb-kommando, asook die kommando's van Grootfontein en Otavi, onder sy bevel. Dippenaar het 61-troepe van Omuthiya na Tsumeb gebring, waar hulle op die dorp se lughawe en skietbaan gebaseer was. Die getal troepe van verskillende eenhede in die gebied – dienspligtiges sowel as kommandolede – het binne drie dae van 250 na 2 000 aangegroei.

Dippenaar het een onmiddellike probleem gehad wat hy nie met vuurkrag ongedaan kon maak nie. Die boere was angstig oor hul veiligheid op die plase en kwaad oor die moorde. Hulle het sy hoofkwartier beleër en aangedring op beskerming en antwoorde, in so 'n mate dat dit moeilik was vir hom en sy senior bevelsgroep om hul taak van bevel, beheer en taktiese koördinering uit te voer.

Een van hierdie boere was natuurlik Reinhard, wat hoogs die duiwel in was omdat die inligting dat SWAPO op pad was van hom en die ander boere weerhou is totdat dit te laat was. Die leër moenie dink die boere sal bang word en weghol as hulle hoor SWAPO kom nie, het hy gesê. Die boere sal veg. Maar hulle moet wéét, gereed wees. Almal moet saamwerk.

Later jare sou Reinhard vertel hy het baie respek vir Dippenaar gehad, die feit dat die 61-bevelvoerder na sy griewe en bekommernisse geluister het. Die korrelkop-Duitswester dink nou aan hom as 'n goeie vriend.

Maar destyds, met sy oom se dood vars in sy geheue, was hy maar moeilik.

Die probleem van die boere is van Dippenaar se hande afgeneem deur die "klein mannetjie met die groot stem" – oom Lukas Nel, lugmag-veteraan van Tobroek en El Alamein, en nou bevelvoerder van 'n plaaskommando. Hy het immers saam met hierdie omgekrapte manne geboer, in sy jong dae saam agterop 'n beeslorrie Grootfontein toe gery om te gaan rugby speel, saam vir Tsumeb se kopermyn gaan werk as dit broekskeur gaan op die plaas, en soms met sy leergordel dissipline in sy kommandolede ingeslaan.

Die 1979-infiltrasie was 'n steil leerkurwe vir 61 Meg, wat vir konvensionele oorlogvoering opgelei was en nie vir teeninsurgensie nie. Maar, skryf Dippenaar, weens die hoë standaard van hul opleiding het hulle die aanpassing maklik gemaak. En Lukas se vegtende boere en hul spoorsny-spanne se hulp was van onskatbare waarde.

Plaaspaaie en kaplyne is daagliks gepatrolleer en gevee om die kenmerkende spore van SWAPO-stewels te kan sien; waterpunte op plase is dopgehou, want *terrs* raak ook dors; informante onder die swart plaaslike bevolking – PB's, in soldatetaal – het die veiligheidsmagte laat weet as die guerrillas hulle om kos of skuilplek vra; kragtige nagsigteleskope is gebruik om die bos snags vir beweging te fynkam; soldate is twee-twee by plaashuise geplaas en burgerlike voertuie het in beskermde konvooie beweeg.

En altyd was daar die sirkelende *gunships*, die Boesmans wat spore in die gras of sandveld of op klipperige grond kon lees, SWASPES met sy soldate op motorfietse en perde, en spoorsnyhonde.

Dis 'n plan wat doeltreffend was wanneer dit gewerk het. Op 20 Mei, skaars twee weke ná die aanval op die Roodts en Friederichs, het Dippenaar gerapporteer die laaste van die infiltreerders is dood (blykbaar sowat 30, nie 40 soos Pompie daardie eerste dag oor die radio gehoor het nie), of het uit die Tsumeb-plaasgebied gevlug.

Dit was skrale troos vir Tsumeb se boere wat hul geliefdes en vriende moes begrawe. Ouma Roodt en haar twee kleinkinders is saam in een graf begrawe – twee klein wit kissies op een groot bruin kis.

Nooit weer sou hulle, soos daardie eerste dag toe die uniforms van krapperige bruin nutria en stewels van stywe nuwe leer aan hulle uitgedeel is, aan oorlog dink as 'n speletjie nie. Of 'n koel, soet waatlemoen onder die frangipani's oopsny sonder om aan die Roodts herinner te word nie.

Daar was nou 'n nuwe naam vir dié kontrei: die Driehoek van die Dood. Niemand onthou meer of dit die veiligheidsmagte of boere was wat dié benaming vir die gebied tussen Tsumeb, Otavi en Grootfontein gebruik het nie, maar dit sou met elke komende infiltrasie meer gevestig raak.

Reinhard Friederich het ná daardie eerste dae van frustrasie oor sy oom se dood en die Swapo's wat deur sy vingers geglip het 'n kopskuif gemaak oor die leër. Dalk was dit die manier waarop Dippenaar sy griewe hanteer het, of dalk was dit oor die dag toe Dave Keyser hom op Tsumeb op straat voorgekeer het. Dave, 'n medeboer en een van ou Lukas Nel se staatmaker-spoorsnyers, was 'n man wat nie omgegee het saam met wie hy werk nie. Koevoet, valskermbataljon, 61, SWASPES, kommando – dis om 't ewe, solank die jop gedoen word. En die jop, volgens hom, was om *terrs* te jaag, *finish* en klaar.

Dave het altyd vertel: "Daai Friederichs kon vir jou spoorsny; hulle is beter as die Boesmans. En Reinhard is die beste van die Friederichs." Hoe dit ook al sy, Dave die Afrikaner was blykbaar moeg vir Reinhard die Duitswester se dwarstrekkery. Daar op straat het hy vir hom gesê: "Jy moet ophou om ons te kritiseer. Jy moet saam met ons werk; jy is die beste."

En Reinhard het geluister.

SWAPO se gô was nog nie heeltemal uit vir 1979 nie.

Op 8 Junie, minder as twee weke nadat die Driehoek van die Dood skoon verklaar is, het 12 terroriste weer oor die kaplyn gekom, maar hierdie keer is die soektog na hulle dadelik begin. Die guerrillas was binne vier uur sowat 20 km ver die plaasgebied in voordat hulle opgespoor is en 'n skietgeveg uitgebreek het. 'n Korporaal Swart, 'n SWASPES-hondehanteerder, is doodgeskiet en die infiltreerders het oudergewoonte in kleiner groepies uitmekaargespat om agtervolging te bemoeilik.

Vir Pompie agter haar radio's en vir Daantjie en Hendrik in die veld was dit hul eerste nagopvolg en die begin van nog twee weke van eindelose dae. Reaksiespanne vyf kilometer uitmekaar kon mekaar dikwels nie oor die radio hoor nie, maar Pompie, soms honderde kilometers weg, hoor almal en herlei hul boodskappe na mekaar. Sy het lang verslae uit die veld in rekordtyd neergeskryf, met 'n handstuk teen een oor vasgedruk en nog een in haar nek vasgeknyp.

Later het sy oorontsteking gekry en met warmwater-sakke die pyn verlig terwyl sy werk, tot 'n helikopter vir haar 'n stel behoorlike oorfone op die plaas kom aflaai het.

Die dood van korporaal Swart het 'n interessante nadraai vir Pompie-hulle gehad. Hulle het sy spoorsnyhond, verdwaal en getraumatiseer deur die nagtelike skietgeveg, in die veld op Koedoesvlei gevind en opstal toe geneem. Die korporaal se eenheid was verheug om te hoor die hond leef, maar het Pompie gewaarsku dat hy g'n troeteldier is nie en dat hy hulle dalk sou byt. Maar binne 'n uur het die hond wat opgelei was vir oorlog sorgvry met die kinders op die werf gespeel, sy gesneuwelde mensemakker blykbaar vir eers vergete. Koedoesvlei se mense het hartseer afskeid geneem toe SWASPES die hond kom haal.

Twee weke later is die laaste van die tweede groep van

Hier ruht
Reiter d. Ldft.
Berthold
Heinrich
Ortsbef. Tsumeb
geb. 20.10.1889
gefall. 5.7. 915 a.
Patrouill. b. Tsumeb.

Bo: Op 9 Julie 1915 het die Duitse koloniale magte by Kilometer 500 langs die spoorlyn tussen Otavi en Tsumeb oorgegee aan die Suid-Afrikaaanse magte onder leiding van generaal Louis Botha (met sy rug na die kamera). Foto: *The War Illustrated*

Links: Die graf van 'n Duitse berede soldaat in Tsumeb se ou begraafplaas. Hy het vermoedelik in 'n geveg teen die Suid-Afrikaanse magte omgekom. Foto: Deon Lamprecht

Bo: Die ou Rooms-Katolieke kerk in Tsumeb se hoofstraat.
Onder: 'n Uitsig oor Tsumeb met die ou kopermyn in die
voorgrond. Foto's: Deon Lamprecht

Bo: Die Otjikoto-meer was die plek waar die Boesmans in die 19de eeu kopererts verruil het vir die sout, tabak en ander items wat die Ovambo's aangebied het. In 1915 het die Duitse koloniale magte hul kanonne in die meer gegooi voordat hulle aan die Suid-Afrikaanse magte oorgegee het.

Onder: Die graf van 'n Portugese vrou wat uit Angola na Suidwes gevlug het nadat die Portugese koloniale bewind in 1975 in daardie land tot 'n einde gekom het. Foto's: Deon Lamprecht.

Bo links: Kmdt. Lukas Nel, infanteris en bevelvoerder van die Tsumeb-kommando, in die 1980's.

Bo regs: Grondingenieur Lukas Nel (regs) en 'n makker op die wrak van 'n Duitse vliegtuig in Noord-Afrika gedurende die Tweede Wêreldoorlog.

Onder: Nel kort voor sy 92ste verjaarsdag.
Foto: Deon Lamprecht

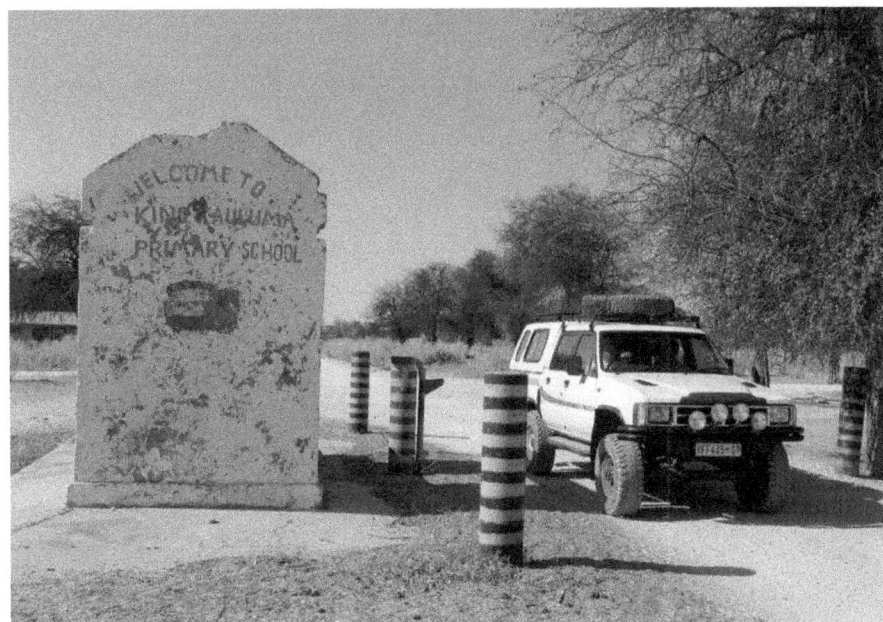

Bo: Kmdt. Roland de Vries, bevelvoerder van 61 Gemeganiseerde Bataljongroep 1981/'82, saam met sy senior bevelsgroep by die Omuthiya-basis buite Tsumeb. De Vries staan arms gevou in die middel van die middelste ry.
Foto: Roland de Vries

Onder: Die vervalle wagkamer by die hoofingang na Omuthiya in 2010.
Foto: Deon Lamprecht

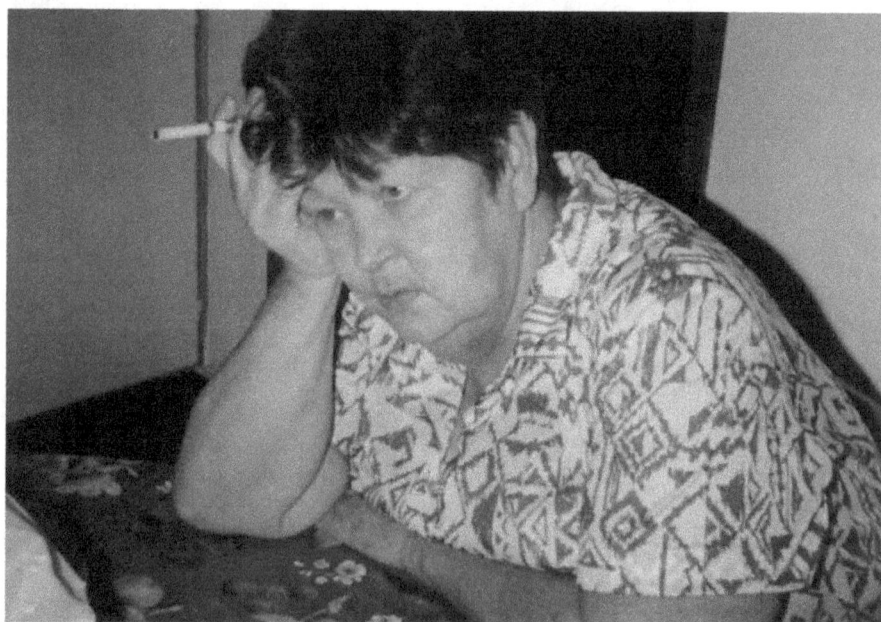

Bo: 'n Jong Daantjie en Pompie van der Westhuizen op hul troudag.
Onder: Pompie van der Westhuizen in Koedoesvlei se kombuis.
Foto's: Verskaf deur Olivia Visser.

Bo: Gedurende die Grensoorlog het talle plaasvroue hulself bewapen. Hier sit Olivia saam met haar ma, Pompie, in 'n Land Rover, G3-geweer gereed.

Onder: 'n Familiekuier op Koedoesvlei: die blonde Olivia, met haar dogter Marlize op haar skoot. Regs van haar sit haar eerste man, Hendrik Potgieter.

Foto's: Verskaf deur Olivia Visser

TSUMEB TREUR

Die gemeenskap van Tsumeb is diep geskok oor die skielike heengaan van geliefdes in terroriste-aanvalle.

● Lt. Danie van der Westhuizen, sy skoonseun, sktr. Hendrik Potgieter, en spoorsnyer Jan Kouswab het saam met die ander insittendes van 'n ratel omgekom nadat vyf R.P.G. 7-vuurpyle die ratel getref, en dit aan die brand geslaan het.

● Mnr. D.J.J. Erasmus van die plaas Vaalwater het in die hospitaal beswyk na 'n operasie op sy bene wat in 'n landmynontploffing ernstig beseer is.

● Mnr. J.P. Steyn van die plaas Masaus is op slag dood nadat sy voertuig oor 'n landmyn geloop het.

● Mnr. L.P.J. Fourie van die plaas Ruimte het saam met korporaal Bester gesterf nadat terroriste sy voertuig met geweervuur bestook het.

'n Laaste eer aan Jan Kouswab, baasspoorsnyer. Sy makkers, party in militêre drag met gewere, die ander in tradisionele drag met pyl en boog, het die begrafnis bygewoon.

Lt. Danie van der Westhuizen (49), en sy skoonseun, sktr. Hendrik Potgieter (30), is op dieselfde dag met volle militêre erebewys langs mekaar begrawe. Ongeveer 1000 belangstellendes, waaronder verskeie senior offisiere en ander lede van die veiligheidsmagte teenwoordig was, het die begrafnis bygewoon. Kapelaan ds. Landman Vogel het die begrafnisdiens gelei. Hy het uit 2 Kor. 1:3 - 5 gelees en daarop gewys dat niemand verniel lewe of sterwe nie.

Komdt. Lucas Nel, bevelvoerder van Etosha AME het hulde gebring aan die dapper manne wat soos helde gesterf het. In lewe was hulle altyd gewillig om onder enige omstandighede uit te gaan en 'n diens van onskatbare waarde vir hulle land te lewer. Hy het namens Etosha AME innige meegevoel betuig met die families. Kol. Johan Louw het namens Sektor 30 en B.G. van S.W.A. meegevoel aan die families betuig en hulde gebring aan lt. Danie van der Westhuizen en sktr. Hendrik Potgieter. Hy het gesê: "Hulle name sal in die annale van die geskiedenis van die oorlog aangeteken word. Manne van hulle kaliber is nie maklik vervangbaar nie. Min bevelvoerders is so gelukkig om sulke manne onder hulle bevel te hê. Geen opoffering of gevaar was ooit te groot vir hulle nie. In die proses het hulle die hoogste tol betaal, maar ook die hoogste eer verkry. Ons saluwer hulle en ons wil die familie sterkte toewens."

Daantjie van der Westhuizen

Besigheidsman, boer en polisiesoldaat: So het die Tsumebers Daantjie leer ken. Hy was vol grappies en het altyd die sonkant van die lewe saam met hom gedra.

Daantjie is op Kuruman gebore, maar het na sy dienspligopleiding in die lugmag na Suidwes verhuis en na SWANLA in Grootfontein begin werk. Hy is na Omafo, Ondangua en Ondjondjo verplaas en het later as interne inspekteur-nadiener van die firma die hele gebied van die Kaokoveld tot in die Caprivi besoek. Dit is in hierdie tyd dat Rina, of tannie Pompi, soos almal haar ken, haar kennis van radiowerk opgedoen het. Die meeste van die afgeleë plekke in Ovambo kon net per radio gekontak word. In 1967 het die familie Tsumeb toe verhuis, toe Daantjie bestuurder van Hoffman Supermark was. Hy het die plaas Koedoesvlei gekoop en voltyds begin boer.

Spoorsnyers opgelei

As luitenant by Etosha AME het hy bevelvoerder vir die opleiding van Boesmanspoorsnyers geword.

Sy skoonseun, sktr. Hendrik Potgieter, het hom hierin gehelp. Tydens die insypeling van 1980 en 1981 het Daantjie en sy spoorsnyers groot sukses behaal. Volgens tannie Pompi was dit 'n angsvolle tyd; veral in 1981 toe hulle tydens die insypeling ontrent elke dag kontak met die vyand gehad het. Sy was maar altyd per radio met hulle in verbinding en kon dus altyd berigte deurgee.

Die dag van Daantjie en sy makkers se dood het tannie Pompie vroeg die oggend nog elkeen se bloedgroep met 'n vliftpen op hul lyfbande geskryf.

Lt. Daantjie van der Westhuizen.

Kort na 12h30 die dag het sy verneem dat daar kontak was en later het sy die doodsberig van haar man en skoonseun per radio ontvang en deurgegee. Hoe groot die skok ook al, sy het steeds op haar pos gebly en gedoen wat nodig was. Sy het besef dat mediese hulp vir die wat nog leef dringend noodsaaklik was en so het sy kalm voortgegaan en aan die gang gebly. Haar man en skoonseun het sy helde gestaaf en na die dood hoervriu, sonder en radiooperateur het haar kant gebring.

Daantjie laat sy vrou, tannie Pompie sy dogters, mevr. Retha Venter (28), Olivia Potgieter (24) en Riana (12), hulle seun, Mannetjie (20), en vyf kleinkinders agter.

◆

'n Laaste eer aan lt. Van der Westhuizen. Mannetjies, sy seun, dra regs voor.

Baas-spoorsnyer Jan Kouswab

'n Getroue vriend, ou Eddie, tydens die begrafnis.

Hy was beter bekend as Jan Kaka (46), en het in dieselfde ratel as sy leier, lt. Van der Westhuizen, wat hom ook opgelei het, gesterf. Hy is op Tsinstabis naby die militêre basis begrawe. Kapelaan ds. Kallie Opperman het die begrafnisdiens gelei. Komdt. Lucas Nel het namens die veiligheidsmagte meegevoel betuig. Hy het gesê Jan het net soos sy ander makkers soos 'n held gesterf. Sy dood sal 'n leemte laat by die spoorsnyers. Jan se vrou, Maria, het daarop aangedring dat Jan se

troupak en ander besittings volgens Boesmantradisie by hom in die kis geplaas word. Lede van die veiligheidsmagte het hierna die laaste eer betoon deur die kis te saluuer. Mev. Pompi van der Westhuizen en haar twee dogters, Olivia en Riana, het saam met haar seun, Mannetjies, ook die begrafnis van die begrafnis die oorblywende spoorsnyers aangespoor om voort te gaan met hulle goeie werk. Dit is voor lt. Van der Westhuizen dit graag sou wou hê, het sy gesê.

Steeds vol Moed

"Dit staan soos 'n paal ho water! Ons gaan terug plaas toe," sê tannie Pompie. Sodra alles weer normaal is wil tannie Pompie, Olivia en die kinders weer terug plaas toe. Sy hoop dat Mannetjies, wat nou besig is met diensplig, haar sal kan help.

Terug in Tuig

Net die dag na die begrafnis was tannie Pompie weer terug op haar pos voor die radio. Tydens ons besoek aan haar was sy weer volstoom aan die gang.

Olivia is ook betrek deur Etosha AME waar sy diens doen. Albei staan hulle plek vol, en dit help om die smart en gemis draagliker te maak.

Baie Dankie!

Die Van der Westhuizens en Potgieters wil die gemeenskap van Tsumeb hartlik bedank vir hulle wonderlike

hulp en bystand na die dood van hul geliefdes. "Die mense in Tsumeb het hulle harte oopgemaak en ek sê daarvoor," sê tannie Pompie.

Mev. Pompie van der Westhuizen, weduwee van lt. Van der Westhuizen, terug voor die radio's.

Bo: 'n Rookwolk trek bo die wrak van die Ratel waarin Daantjie van der Westhuizen, Hendrik Potgieter, Jan Kaka en vyf 61 Meg-troepe omgekom het nadat hulle op 15 April 1982 in 'n Swapo-hinderlaag gelei is by die Bravo-kaplyn. Foto: Verskaf deur Roland de Vries

Onder: Gedurende die Grensoorlog het die gemeenskap van Tsumeb noue bande met 61 Meg gesmee. Dié foto is geneem op 'n geleentheid by Omuthiya-basis. In die middel staan Pompie en Daantjie van der Westhuizen met Roland de Vries, bevelvoerder van 61 Meg, heel regs.
Foto: Verskaf deur Riana van der Westhuizen

Bo: Daantjie van der Westhuizen en Hendrik Potgieter se begrafnis op Tsumeb: Van links is hul medekommandolid Izak Visser, Olivia en haar seun Louis en Pompie, wat deur haar seun Mannetjies (in die uniform) ondersteun word. Heel regs is Pompie se jongste dogter, Riana. Foto: Verskaf deur Olivia Visser

Onder: By Jan Kaka se begrafnis op Tsintsabis: Van links is Riana van der Westhuizen, Olivia, Pompie en Mannetjies van der Westhuizen. Foto: Verskaf deur Olivia Visser

Armed incursion failed

Insurgent Malambo who gave a detailed description of training in Angola and of crossing back into South West Africa with an assignment to blow up railway lines. The objective was not achieved for they ran into

Insurgent Theofilus Jason, one of the three accused, and described as a member of a group of 22 who infiltrated the Triangle of

Bo: Die *Windhoek Observer* se berig oor die Swapo-guerrilla Lucius Malambo (heel links) en sy twee makkers wat in 1981 in die Driehoek van die Dood gevang en in die Windhoekse hooggeregshof aan terrorisme skuldig bevind is.
Foto: Verskaf deur Roland de Vries

Onder: Daantjie en Hendrik se grafte in die ou Tsumeb-begraafplaas.
Foto: Deon Lamprecht

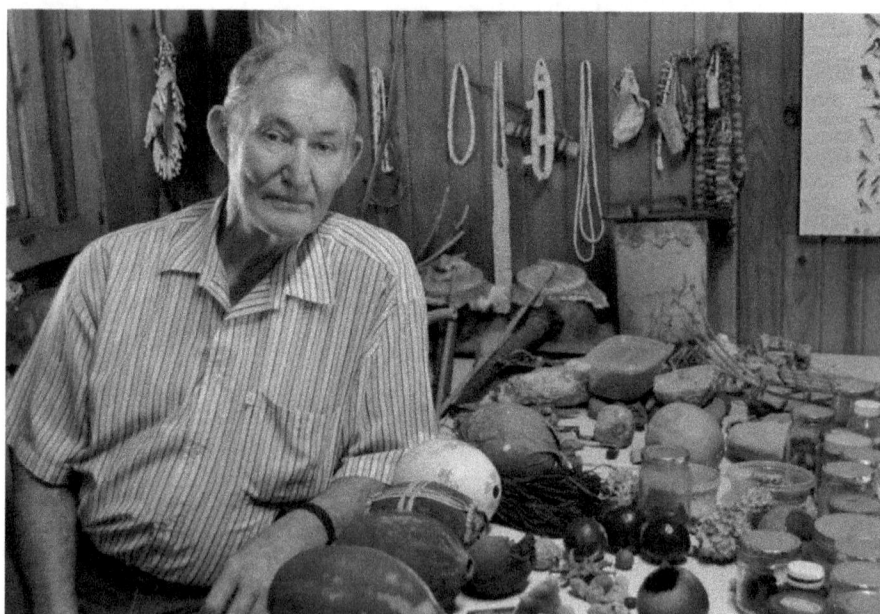

Bo: Dave Keyser, 'n voormalige lid van die Tsumeb-kommando, met die geweerkolf wat in 1982 waarskynlik sy lewe gered het toe 'n stuk RPG-skrapnel daarin vasgeslaan het.

Onder: Die bobaas-spoorsnyer van die Tsumeb-kommando, Reinhard Friederich, by sy San-artefakte. Hy het 'n noue ontkoming gehad toe hy in 1982 'n Swapo-landmyn afgetrap het. Foto's: Deon Lamprecht

Olivia saam met haar man, Izak Visser, in Swakopmund. Hulle is getroud nadat Olivia se eerste man, Hendrik, in die hinderlaag by die Bravo-kaplyn dood is.
Foto: Deon Lamprecht

Bo: Roland de Vries (tweede van links) by die sementbasis waarop die swart gedenknaald vir 61 Meg se gestorwenes eens op Omuthiya-basis gestaan het. Hy het in 2010 'n slagveldtoer deur 61 Meg-veterane deur Namibië en Angola gelei.
Onder: 'n Namibiër ry water aan met sy donkies waar die tente van 61 Meg se troepe eens op Omuthiya gestaan het. Foto's: Deon Lamprecht

Bo: Roland de Vries (rug na die kamera) op die sementvloer van sy eertydse hoofkantoor op Omuthiya, met die bouval van die kombuis en troepemenasie in die agtergrond.

Onder: Daar was geen gebrek aan kaarte nie gedurende die slagveldtoer wat De Vries saam met 'n groep veterane van 61 Meg na Namibië en Angola onderneem het. Foto's: Deon Lamprecht

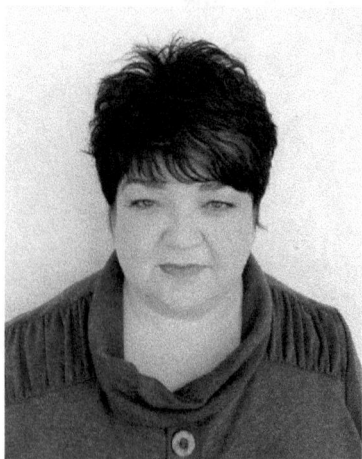

Bo: Riana van der Westhuizen

Onder: Lukas Nel, voormalige bevelvoerder van die Tsumeb-kommando, lê in 2012 'n krans by die gedenknaald vir die gesneuweldes van 61 Meg en die Tsumeb-kommando by die Oorlogsmuseum in Johannesburg. Op dié geleentheid is Operasie Yahoo (1982) herdenk waartydens die Tsumeb-gemeenskap hard geslaan is. Foto: Deon Lamprecht.

22 infiltreerders doodgeskiet. Waar? By die enkelkwartiere van die Kombat-myn, suid van Tsumeb en op die onderste been van die Driehoek van die Dood, rofweg halfpad tussen Otavi en Grootfontein. Dit was hier by Kombat, in die Otaviberge, waar die San en die Damaras eeue lank hul koperneerslae jaloers bewaar en verdedig het. Hier waar Europese oë vir die eerste keer die magiese Groen Heuwel gesien het, die rede vir Tsumeb se ontstaan. En naby Khorab, waar generaal Louis Botha in Julie 1915 die oorgawe van die *Schutztruppe* aanvaar en só 'n einde aan die Duitse koloniale bewind gemaak het.

In die Driehoek van die Dood loop die geskiedenis in bloedige sirkels.

Met die vrede suid van die Bravo-kaplyn tydelik herstel, kon Pompie en die plaaspelotons asem skep en Dippenaar voortgaan met die bou van sy basis by Omuthiya. Omdat Omuthiya so naby aan die noordoostelike hoek van die Etosha-wildtuin was, het die basis soms interessante besoekers gekry. 'n Jong sebra het hom tussen die tente kom tuismaak en was gou hondmak en bederf. Hy het graag groente uit die kombuis gesteel en tot groot vermaak van die troepe soms die sementpaadjies tussen die hoofkwartiergeboutjies versper. Dit het die senior offisiere gedwing om wye draaie om die dier te loop, want probeer jy hom verjaag, het hy gevaarlik met sy agterpote na jou geskop.

Weens die sebra se gebrek aan respek vir hoë range is die troepe ingelig dat hulle 'n nuwe tuiste vir hul geliefde pajamadonkie moes vind. Die manier waarop hulle dit gedoen het, sou Dippenaar trots maak op sy manne se vindingrykheid.

Hulle het stilletjies met hul vriende by SWASPES se berede eenheid gereël om 'n perdesleepwa na Omuthiya te sleep. Die dier is heeltemal swart gemaak met behulp van die spesiale kamoefleerroom bekend as "black is beautiful", en in sy nuwe gedaante as 'n perd is die sebra in die perdesleepwa deur die Oshivelo-hek geneem na 'n plaas naby Tsumeb. Later het die sebra glo 'n nuwe tuiste op 'n wildplaas in die Wes-Kaap gekry.

Olifante het ook taamlik gereeld soos reuse- grys skimme deur die basis beweeg, hul groot pote geruisloos op die dik, wit sand, en weer tussen die omringende kameeldoringbome verdwyn.

En dan was daar die voortdurende klagtes van die Ovambo's buite die basis dat hul hoenders gesteel word. Hulle het telkens die registrasienommer van dieselfde 61-vragmotor verskaf as die voertuig waarmee die misdaad gepleeg is. Die geheim is eindelik opgelos: Een van die troepe het 'n luislang in 'n hok aangehou en hom die hoenders gevoer.

Weer is beveel dat die dierasie moet waai, wat toe ook gebeur het. Volgens die amptelike verduideliking het die DBV die luislang kom haal, maar volgens gerugte is die dier in 'n militêre trommel na Suid-Afrika gesmokkel.

Die amptelike opening van die basis het gepaard-gegaan met al die nodige parades, inspeksies en gevegsdemonstrasies vir die besoekende militêre en burgerlike BBP's en 'n braai vir die troepe.

Minder as 'n jaar vantevore het Dippenaar in die operasionele gebied aangekom met die opdrag om 'n gedugte nuwe eenheid uit niks te skep. In dié betreklike kort tyd is 'n nuwe basis uit die bos gekap en het 61 sy onkonvensionele vuurdoop in die gedaante van twee infiltrasies deurgemaak. Die fondament van 'n hegte vriendskap met die gemeenskap van Tsumeb is gelê.

Daardie eerste Kerstyd op Omuthiya was 'n besonderse geleentheid vir die dienspligtiges en staandemaglede wat so hard deur die jaar gewerk het. Daar was 'n kerkdiens gevolg deur 'n Kersmaal by die rye lang tafels onder die groot afdak van die menasie met 'n uitsig op die groen soom van die bos aan die westekant. Kouevleis en slaaie, vrugteslaai en roomys, kleurvolle Kershoedjies by die bruin uniforms. Daar was die verlange na families in die *States*, ja, maar ook die spesiale broederskap van manne wat saam werk, eet, slaap, kuier en veg.

Toe is dit 1980, die tweede jaar in die bestaan van die jong eenheid. 'n Jaar wat onuitwisbaar in bloed in die annale van 61 Meg opgeskryf sou word. Hulle sou voor nog 'n groot toets te staan kom – hul eerste operasie in Angola, die soort operasie waarvoor dié nuwe ystervuis eintlik gesmee is.

Maar eers het SWAPO weer oor die kaplyn gekom. Hierdie keer sou daar nie maklike teikens vir hulle op die plase wees nie.

In sy bevelvoerdersoorsig skryf Dippenaar bloot 'n groep het in Februarie 1980 die kaplyn oorgesteek, die plaasgebied binnegegaan en uitmekaargespat. Kallie du Preez en sy vrou, Connie, van die gasteplaas La Rochelle, het gesien hoe vyf terroriste oor hul heining klim. Kallie het met 'n jaggeweer losgebrand en drie doodgeskiet. Die ander twee het gevlug.

Nie lank daarna nie het een van die bekendste dramas van die Bosoorlog hom afgespeel. Op 22 Februarie het die Dressel-gesin van die plaas Harabib, 43 kilometer suid van

Grootfontein, besef daar is groot fout. Die plaastelefoon was afgesny en die honde het aanhoudend geblaf. Hulle het gesien hoe vyf mans oor hul veiligheidsheining klim en op die huis begin skiet.

Eberhard Dressel is in die voordeur van die plaashuis doodgeskiet. Sy 16-jarige dogter, Sonja, het die G3-aanvalsgeweer opgetel en begin terugveg. Sy het van venster tot venster in die huis beweeg en by elkeen skote geskiet om só die indruk te skep dat daar talle verdedigers in die huis was. Later was die aanvallers se AK47's stil. Toe hulp uiteindelik opdaag, is die lyke van twee terroriste buite die huis gekry. Die ander drie het gevlug.

Die infiltreerders wat Kallie en Sonja se terugvegpogings oorleef het, is almal in opvolgoperasies opgespoor en gedood.

Sonja, wat destyds aan Suidwes-koerante vertel het sy het geen vrees ervaar nie, het 'n medalje vir buitengewone en voortreflike diens van die Suid-Afrikaanse Polisie ontvang. Destyds was dit ook standaard om burgerlikes te vergoed as hulle inligting oor guerrillas aan die veiligheidsmagte verskaf, hul wapens aan die polisie gee, of 'n guerrilla doodskiet. Dippenaar het R6 000 aan Kallie uitbetaal en R4 000 aan Sonja.

Die plaasboere het SWAPO 'n bloedneus gegee, maar die jaar was nog lank nie verby nie. Die weermag het inligting gekry dat sowat 800 SWAPO-vegters vanuit basisse in die suidweste van Zambië verskuif is na die Cunene-provinsie in Angola, oorkant die grens van Ovamboland. Vir die Suid-Afrikaners was dit 'n duidelike teken dat SWAPO oorgehaal was om sy oorlog van terreur in die plaasgebiede te verskerp. Typhoon was van plan om die Driehoek van die Dood meer dikwels te besoek.

Daar was net een manier om op hierdie verhoogde bedreiging te reageer: SWAPO moes eerste geslaan word. Hard geslaan word. In hul vestings in Angola, om hul planne om oor die kaplyn te kom te ontwrig. En só, met 1980 se Winterspele in 61 Meg se agterplaas gewen, is die Ratels se kanonlope noordwaarts gedraai.

In 61 se visier was Chifua, 180 km Angola in, waar SWAPO 'n bevel- en beheerpos en logistieke basis gestig het om sy infiltrasies te steun. Die teiken is die kodenaam "Smokeshell" gegee – een van verskeie wat aangeval sou word as deel van Operasie Sceptic.

Baie is al geskryf oor 61 se konvensionele operasies in Angola tydens die 23 jaar van die Bosoorlog, deur gerekende militêre kenners en die senior offisiere wat 'n sleutelrol in die beplanning en uitvoering van daardie operasies gespeel het. Hierdie boek bied 'n klein venster op die oorlog soos beleef deur die boeregesinne van Tsumeb se kontrei, en op 61 se rol in sy eie agterplaas eerder as die slagvelde van Angola. Tog sal dit verkeerd wees om Sceptic nie kortliks hier te vermeld nie, want 61 Meg is immers in die eerste plek op die been gebring om SWAPO in sý lêplek te vernietig. En dis presies wat op 10 Junie 1980, sowat 20 maande ná daardie gesprek in die Karoo tussen Constand Viljoen en Johan Dippenaar, sou gebeur. Die uur vir 61 se ware vuurdoop het aangebreek.

Die jong eenheid sou 'n duur prys betaal vir sy eerste operasionele sukses in Angola.

Dippenaar het sy beplanning en voorbereiding so deeglik moontlik gedoen op grond van die intelligensie wat hy oor die doelwit ontvang het. Maar die intelligensie was baie vaag, skryf hy in sy operasionele nabetragting.

Chifua was nie 'n enkele, kompakte teiken nie. Dit

het bestaan uit 13 verskillende komplekse versprei oor 'n gebied sowat drie kilometer breed en 12 kilometer lank. Dippenaar en sy senior leiersgroep het geen inligting gehad oor die aard van die vyand wat hulle by enige van hierdie komplekse sou aantref nie, en ook nie oor uitstaande landmerke wat hulle kon gebruik om deur die bos na die verskillende komplekse te navigeer nie.

Hy het besluit om Chifua van oos na wes aan te val en die 13 komplekse een vir een te verower. Sandmodelle van die doelwit is gebou en haarfyn bestudeer. Dippenaar het sy offisiere die aanvalsplan oor en oor laat herhaal en die troepe moes die uitvoering daarvan stap vir stap inoefen totdat elkeen sy taak so te sê in sy slaap kon verrig.

Van Omuthiya tot by die doelwit was dit 250 km, waarvan so te sê die helfte deur vyandelike gebied afgelê moes word: 'n lang konvooi met die Eland-90-pantserkarre voor, gevolg deur die artillerie en agter hulle die infanterie in hul Ratels.

Die aanval het die middag van die 10de begin en 61 het in bloed betaal vir die swak intelligensie wat aan Dippenaar deurgegee is. Dit was nie net vaag nie; dit was verkeerd.

Die vyand was nie veronderstel om in verdedigingstellings ingegrawe te wees nie, maar hulle wás. In gekamoefleerde loopgrawe en in bunkers waar daar nie veronderstel was om loopgrawe en bunkers te wees nie.

Volgens inligting sou die SWAPO-vegters vinnig op die vlug slaan, maar hulle het nie. Hulle het geveg.

En dan was daar die 23 mm-lugafweerkanonne.

Die Russies vervaardigde ZU-23-2 is 'n ligte, robuuste lugafweerkanon wat agter voertuie gesleep en vinnig en maklik ontplooi kan word. Dit het twee lope, word ammunisie gevoer in bande van 50 patrone elk en het 'n geweldig vinnige vuurtempo. En dit het een groot voordeel: Die lope kan hemelwaarts gerig word om op vliegtuie te skiet, of dit kan laag genoeg laat sak word om op grondteikens te skiet – soos Ratels.

Dis 'n voordeel wat SWAPO daardie dag dodelik doeltreffend gebruik het.

Ratels was die trots van die Suid-Afrikaanse Leër. As vegvoertuie was hulle myle beter as enige Russies vervaardigde infanterie-vegvoertuie van dieselfde era. Hulle was intimiderend, taai soos die onverskrokke klein soogdier waarna hulle genoem is, kon sirkels ry om enigiets anders in die Afrika-bos en bome omstoot om 'n pad te maak waar daar geen pad was nie.

En hulle was geliefd onder die troepe, vir wie hul Ratel meer as net 'n ryding was. In die bos was dit hul huis, hul veilige hawe. Hulle het daarin geslaap, geëet, briewe aan hul meisies geskryf en daaruit geveg. Die vel van pantserstaal was dik genoeg om hulle te beskerm teen die verskrikking van landmyne, die skrapnel van mortierbomme en AK47-koeëls. Die brul van die kragtige turbodieselenjin was vertroostend; die tka! tka! tka! van die 20 mm-kanon het hul bloed laat kook.

Maar wanneer dinge verkeerd geloop het, was die Ratel 'n doodskis op ses wiele.

Elke gemeganiseerde infanterieseksie het uit 12 man bestaan, en elke seksie het sy eie Ratel-20 gehad. Die drywer se sitplek was heel voor in die middel van die romp. Agter en bo hom was die vegtoring met die seksieleier links en die *gunner* regs. Agter in die staalmaag, op dieselfde vlak as die drywer, het die ander nege manne skouer teen skouer in twee rye gesit, hul rûe teen mekaar, gewere tussen hul knieë.

'n Klassieke gemeganiseerde stormloop het min of meer só verloop: Die Ratels het in 'n linie op die doelwit afgejaag terwyl die 20 mm-kanonne en Browning-masjiengewere in die vegtorings gesels het. Op die regte oomblik het die bevel oor die radio gekom: "Stop; stap uit!" In elke Ratel is die bevel deur die seksieleier oor die voertuig se interne luidsprekerstelsel herhaal, die Ratel stop, die twee deure aan weerskante van die romp vlieg oop en die troepe spring uit om in 'n reguit linie te voet deur die doelwit te veg terwyl die Ratels agter hulle vuursteun gee.

Maar in die bos verloop dinge nie altyd volgens die boek nie – veral nie as die intelligensie verkeerd was nie.

SWAPO het verdedigingstellings gehad verder van die doelwit as wat verwag is, en voor die punt waar die troepe die bevel sou kry om uit die Ratels te spring en te voet vorentoe te veg.

Die 23 mm-lugafweerkanonne, versteek in 'n mielieland, het onverwags en op 'n kort afstand losgetrek. Die pantserbreek-koeëls, waarvoor die Ratels se vel nie dik genoeg was nie, het deur die voertuie geskeur asof hulle van papier gemaak was.

In 'n Ratel vol troepe is daar nêrens om heen te gaan nie. Vier Ratels is deur die lugafweerkanonne getref en altesaam 13 man is binne 'n kort tydjie gedood waar hulle in die romp gesit het, of terwyl hulle uit die Ratels probeer kom het. In die Ratel met die roepsein 21C (Bravo-kompanie, Peloton 1, Seksie 3) is sewe van die 12 insittendes dood.

Dekades later sou oorlewendes van dié dag nog die stem van die 23 mm-kanonne in hul nagmerries hoor. "Soos 'n stuk lap wat jy in jou hande skeur," het een verduidelik, sy kneukels wit om die bierblik en 'n snik in sy stem.

Een merkwaardige jong man, skutter H.P. Ferreira van Theunissen in die Vrystaat, is eers as dood aangegee, maar het oorleef. Hóé, weet niemand nie, want 'n halfdosyn of meer 23 mm- en 14 mm-koeëls is deur sy middellyf.

Maar 61 het aanhou veg. Teen die tyd dat die Afrika-son eindelik rooi grond toe geval het agter die dik swart rookbolle bo Chifua, het die sand die lewensbloed van 370 dooie SWAPO-vegters gedrink. Die eenheid het teruggetrek vir die nag, maar die volgende oggend, die 11de, weer gekom en die doelwit stelling vir stelling skoongemaak – 'n dag lange taak. In 'n ironiese wending was Constand Viljoen, so lank ná daardie gesprek in die Karoo, daardie oggend in Dippenaar se Ratel toe dit 'n landmyn afgetrap het. Niemand is beseer nie, maar die voorval het later vir groot vermaak in die ander Ratels gesorg.

Nadat die gevegte verby was, is tonne wapens en ander toerusting buitgemaak om terug Suidwes toe te neem.

Onthou die jaar 1980. 61 Meg het sy eerste slag geslaan, maar ook sy eerste verliese gely. In die hart van die basis onder die kameeldoringbome sou Dippenaar 'n swart granietnaald laat verrys. Daar was reeds 13 name om op daardie naald uit te kerf.

8 Die jagter

Hy was lief vir die jag. Sy bloed het begin kook wanneer die spoor gewys het sy prooi is moeg en die tyd om dood te maak is naby. Hy het nie 'n oomblik getwyfel oor wat hy gaan doen en waarom nie. Hy sou skiet, skiet om dood te skiet, want hy het daarvan gehou.

Dit was nie duiker of springbok of gemsbok se spoor waarop hy gehardloop het nie. Dit was 'n mens s'n. En wanneer hy mense gejag het, was sy hart anders as wanneer hy bok gejag het. Dan was daar g'n teken van die geestelike band tussen jagter en prooi waarvan jy in die romantiese vertellings oor die Eerste Mense van Suider-Afrika lees nie.

Meerkat[3] was groot en sterk gebou, anders as die klein, verrimpelde mensies in die dokumentêre flieks. Sy fors gestalte het hy gekry van sy pa se mense, die Haikum van die Etosha-omgewing. Van sy ma se mense, die kleiner !Kung van die Kavango, was daar nie veel in hom te sien nie.

---

3 Meerkat is nie sy regte naam nie. Hy jag nie meer mense nie, maar vrees wraak.

Een van die eerste lesse wat hy by sy pa geleer het, was dat die jag eintlik begin die oomblik wanneer die pylpunt in die bok se blad wegsink. Kon jy nie die spoor volg tot waar die duiker inmekaarsak nadat die gif van die larwe sy werk gedoen het nie, sou daar geen feesmaal om die vuur wees nie.

Sy pa het hom die lang, diep spore in die sand gewys waar die verskrikte bok vasgeskop en begin hardloop het die oomblik toe die pyl tref. Op die spoor geloop tot waar die bok instinktief in die trop in gehardloop het om veilig te voel. "Kan jy nou sien waar loop daai bok van ons en waar loop die gesonde bok?" het sy pa gevra. Maar die spore het vir hom almal eenders gelyk, totdat sy pa vir hom gewys het: "Kyk hier, sien jy hoe sleep die been? Dis ons bok wat só loop."

Wanneer hulle op die dooie bok afgekom het, het sy pa hom gewys hoe om die bok te slag en die repe vleis aan 'n tak te hang en oor sy skouer huis toe te dra om te droog wat hulle nie vanaand gaan eet nie.

Hy het mooi gekyk hoe sy pa die pyl op die boogsnaar sit en die snaar terugtrek en korrel en die pyl laat los. Op 'n dag – hy was sowat 15 jaar oud – het hy alleen veld toe gegaan en sy pyl het die duiker getref en die bok het weggespring, maar hy het die spoor verloor. By die huis het sy pa hom gevra: "Waar was jy? Hoekom gaan jag jy, maar bring nie vleis nie?" Maar hy wou nie vir sy pa vertel van die bok wat hy nie gekry het nie.

Die volgende dag is hy terug na die plek waar hy die spoor verloor het. Hy het sy tyd gevat en gekyk en gekyk en gesien waar die bok tussen die ander in is en waar hy geloop het totdat die sleepmerk van die been langer begin word het. En uiteindelik het hy gesien waar sy bok van die trop af weggedraai het om te vrek. Daardie dag het hy vleis huis toe gebring en sy pa het gesê: "Nou is jy 'n man."

En só het dit gekom dat hy as arbeider by die polisiestasie nie ver van Etosha af nie gewerk het toe die offisier eendag kom vertel van die Ovambo-mense wat met gewere van Angola af kom. Hierdie mense sal van die land 'n baie slegter plek maak en almal sal swaarkry onder hulle. Die Haikum moet hul spore kom vat sodat hulle gekeer kan word.

Meerkat en die ander Haikum was bang, want swart mense was daar nie eintlik in Boesmanland nie. En van swart mense met gewere het hulle nog nooit gehoor nie.

Oukei, ons sal help.

Die jaar was 1971.

Hy het gewonder hoe dié spore lyk. As hy 'n mens eers sien loop het, kon hy sy merke tussen die ander s'n in die sand uitwys. Kyk, sy linkervoet is seer, hy trap dieper met sy regtervoet. Maar hierdie mans wat hulle moet keer – sou die spoor met hom praat soos 'n duiker s'n?

Die vraag was nog in sy kop toe die polisie hom die eerste keer kom oplaai om 'n nuwe spoor te gaan vat. Daar by die Guinasmeer. En hy het gesien: Hiér is die as van die vuur waar hulle kos gemaak het; dáár het hulle geslaap.

Dáár het hulle getrap. Oukei, só lyk die merk van hulle se stewels.

Maar hy het die spoor verloor, want die grond was klipperig, nie soos die sand van kleintyd se jagveld nie. Hoe nou?

Dit was sy oom Jan Kaka wat hom geleer het hoe om die klippe te lees. Jan wat by Daantjie van Koedoesvlei gewerk het. Eers het hy hom gewys waar die bobbejane gesoek het na skerpioene om te vreet. "Kyk, bobbejaan vat die klip só, kyk onder, sit hom eenkant neer, só. Maar kyk nou hierdie klip, hy het gerol; hy is nie opgetel nie. 'n Mens se voet het dit vorentoe geskop. Sien jy die verskil? Die klip wys die mens se pad."

Oukei. Hy was skerp op die spoor gewees, daai Jan. Daai Jan.

Duiker en springbok en gemsbok loop waar hy loop, maar hierdie mense het altyd hul spore probeer weggooi. Eendag saam met die *army* was dit weer moeilik. Hulle kon die spore sien tot by die wal van die droë rivierbedding; dit lyk of hy oor is, maar daar is niks in die rivier nie, niks wat anderkant uitkom nie. Weerskante toe, niks.

Kan Swapo's dan deur die lug vlieg?

Hulle het bly soek, van die oggend tot die middag, al om die spoor. Later het hulle blikkieskos geëet en Meerkat het by die spore daar op die wal gaan sit, weg van die ander sodat hy kon dink. Hy het gekyk en gekyk en gekyk. En toe lag hy.

Haaah!

Die buiterandjie van een stewelspoor is 'n klein bietjie plat. Op nog 'n plek is die sandjies agtertoe geskop in plaas van vorentoe. Hulle het agteruit op hul eie spore geloop. Maar waarheen? Langs die spore is daar dik gras en hy gaan kyk. En hy sien. Die gras is vorentoe gebuig, lê platter in die rigting van die koppie. Hy voel in sy murg hulle is nie weg nie. Lê hulle daar bo vir hom en kyk? Hy begin klim en hoor die klippe rol en hy skree:

Dis nie 'n koedoe wat daar skrik nie! Dis húlle!

Ons hardloop eenkant op en hulle hardloop anderkant af, toe kom die *gunship* en ta-ta-ta-ta! al ses platgeskiet.

Hulle is goed in die bos, hierdie Swapo's. Hulle is fiks en loop ver en vinnig, dra swaar aan die AK's en landmyne. Hulle maak slim planne om hul spore weg te gooi.

Maar Meerkat is slimmer. Hy leer sien hul planne, een vir een.

Mý sal jy nooit nie wen nie. Ah-ha-ta-ta, nee, nooit nie!

Eendag by die grens is daar net een ry spore. Hoekom sal net een oorkom; wat kan hy maak op sy eie? Maar kyk net hoe diep is hierdie spore. Een man alleen kan mos nie so diep trap nie. En hier, die sandjies is vorentoe geskop, maar toe val daar nog sandjies bo-oor. En hy sien: Almal het in 'n ry in die man voor hulle se spore getrap; die man met die langste voete loop agter.

By die kaplyn sien hy die spoor stop by die draad. Maar die sandpad is glad; daar is niks. Waar gaan die spoor dan? Hy sien niks. Maar soos die dag by die droë rivier los hulle nie die spoor nie. Hulle bly daar terwyl die son klim en klim. Kyk, soek op en af, praat oor die ding. Later maak hulle die *rat packs* oop en eet daar by die spoor.

En hy kyk en hy kyk en hy sien die drade hang so slap.

Haaah!

Kyk hier op die dik paal, wys hy die ander. Hier het die Swapo's opgeklim; kyk die merk op die hout waar die draad afgetrap is. En toe loop hy op die draad met sy voete. Kyk die gaatjie onder droppers, waar die los paaltjies in die grond gedruk is soos hy op die draad geloop het en dan weer opgelig het nes hy verby is.

Oe! Hulle is skelm.

Meer as 'n kilometer verder sien hy weer die spore op die grond waar hulle van die draad afgeklim en suidwaarts gedraai het.

Sien jy hierso, hulle het eers in 'n groot groep geloop, versprei deur die bos; hulle is baie. Hulle loop reg om te veg. Maar nou is hulle tussen die plase en hulle *bombshell;* kyk hoe gaan die spore uitmekaar, een groepie dié kant toe, een groepie daai kant toe.

Hier raak die spoor nou weg. 'n Klomp voëltjies het hier insekte op die grond kom vreet, gepik en gepik.

Maar wag nou, watse voëltjies loop só in 'n reguit lyn en pik? Dis 'n man wat hier was. Hy het agteruit geloop en met 'n stok op sy spore getik-tik-tik om dit weg te steek, lat dit soos die voëltjies lyk.

Daardie eerste jaar, '71, het hy net saam met die polisie se taakmag gehardloop. Nie self geskiet nie. Maar hulle het gesien hoe goed hy die spore se geheime ontsyfer, hoe hy buite om die *cuca shop* loop met sy oë op die grond terwyl die ander binne sit en rum drink en dobbel. Hy wou leer, het altyd 'n spoor gesoek om te vat. Dís hoe dit gekom het dat hy saam met Koevoet begin werk het, op die Casspirs, self begin skiet het. Hy wou altyd op die voorste Casspir ry, die een wat eerste by die prooi gaan wees. Die versigtige manne, wat stadig op die spore loop en mooi om hulle kyk, hulle Casspir was nie vir hóm nie.

Ek het gelaaik van daai ding, van baklei. Só het ons gebaklei en gebaklei en gebaklei. As jy 'n Swapo se spore verstaan, dan ken jy later ook sy kop. Wanneer hy weet jy jag hom, moet jy pasop. Kyk, skielik is die spoor baie duidelik; hy steek hom nie weg nie. Hoekom nie? Want hy wil hê ons moet sien en vinnig kom.

Hy het 'n landmyn op sy spoor geplant vir ons, die bliksem. Of hulle lê agter die miershoop en wag om ons te góói met die AK's. Bliksems.

Dit het gemaak dat hy kwaad word die minuut dat hy die spoor kry.

Wanneer die Swapo moeg gehardloop is, of as hy bloei, dan is sy spoor amper soos duiker s'n. Sy voete sleep soos die bok se agterbeen as die gifpyl sy krag min maak.

Kyk hoe kort trap hy nou. Oukei. Die tyd vir doodmaak is nou naby.

Wanneer duiker se agterbeen begin sleep, het Meerkat hard gekonsentreer. Hy sal jou nooit eens hoor as jy met hom praat nie. Maar hierdie stewelspoor soos 'n dronk man s'n maak hom opgewonde; hy en sy makkers skree vir mekaar.

Maak reg, hy's net hier voor, nou wys ons hom, ons maak hom klaar.

En hulle hét.

*Die tyd wat jy hom kry, jy skiet, hy skiet. Jou wil is net … is
hoe jou hart is. Jy voel nie eens daai man kan jou raak skiet of
jou doodmaak nie. Jy het nie daai idee nie. Jy is nie by jou nie.
Jy het net die idee om daai man te kry en hom dood te skiet.*

Hy het sterk gevoel ná die jag.

Trots, regtigwaar!

Soos kleintyd wanneer hy duiker se vleis aan die tak op sy
skouer huis toe gedra het. Só het hulle die Swapo's huis
toe gevat sodat hulle die kopgeld kan eis, vasgemaak op
die Casspirs se modderskerms vir almal om te sien. Só jag
'n man mos.

*As jy met iemand praat wat nie by die polisie is nie, jy praat
met daai ou soos jy praat met die vroumense. Maar julle wat
baklei – die army, die polisie, witman of Boesman – in die veld
is ons een-mans, een-kallers. Dieselfde.*

Maar die Swapo's het hulle nie altyd net laat inhardloop
en skiet nie.

*Eendag het hulle het vir ons gewag, soos die Casspirs ry. Een,
twee, drie, vier het gery, toe slaat hulle ons. Oeee! Hulle het vir
ons dronk geskiet daarso. Ons het maar niks geskiet nie; jy weet
nie watter kant hulle kom nie. Hulle gooi die handgranate. Net
toe ek uitklim, toe gooi hulle een binne … daar's baie manne
daar binne dood. Maar hy vang my ook, oeee! Dit was lelik. En
ek't buite geval en bietjie uitgepass; later kruip ek in die gat in*

... tot die choppers *kom. Vier en nog die een, twee wit ouens wat dood is.*

Ná drie maande in 1 Militêre Hospitaal in Pretoria was Meerkat terug op die spoor, soms ook saam met die boere van Tsumeb se kommando, Reinhard en Dave, en sy oom Jan Kaka. Gebaklei en gebaklei en gebaklei.

Oeee! Hierdie oë van my het baie dinge gesien. Party plekke, as ek slaap in my kamer, ek sien daai mense se oë. Net só.

Maar die Swapo's het nie ophou kom nie.

9 Alte Kameraden en 'n kill

Die AK47-geweer skop-skop-skop teen Lucius Malambo se skouer, sidder soos 'n bok nadat jy die mes in die nekslagaar gedruk het. Hy sien nie die vet geel doppies in 'n boog deur die lug trek nie, want sy oë is toegeknyp teen die onverwagse geweld in sy hande. Net die houe wat oor sy rug val, maak hom bewus van die instrukteur se skreestem: "Kyk waar jy skiet! Jy mik te laag! Die Boere gaan jou slag!"

Die Boere. Die vyand, honderde kilometers suid van die opleidingskamp hier in Angola. Lucius het geweet hy sou binnekort deur die bos soontoe stap. Hy het sy oë oopgemaak, die loop gelig en gekyk waar die koeëls stof opskop.

In Koedoesvlei se kombuis het Pompie 'n portret van haarself geword, ewig oor haar radio's gebuk en met 'n sigaret op pad na haar mond.

Aan die begin van 1981 was die lewe relatief vreedsaam, maar Pompie was maar altyd op haar pos, of die oorlog naby of ver was. Haar vaardigheid met die radio's het beteken dat háár oorlog nie afgebakende militêre sones en kaplyne en grense geken het nie. Deur die radiokanale het sy na alle arenas van die vloeibare Bosoorlog geswerf, altyd reg om te help.

Sy hoor 'n jong seksieleier, ver van sy stedelike gemaksone en verdwaal in Ovamboland, buite die Tsumeb-kommando se verantwoordelikheidsgebied. Die radioverbinding is swak en sy hoofkwartier hoor hom nie, maar Pompie hoor. "Gooi 'n lyntjie uit," sê sy vir hom en steek 'n vars sigaret aan terwyl die vorige een nog in die asbak smeul.

In haar geestesoog sien sy hoe hy 'n stuk van die buigsame seindraad afknip, een punt aan die plat metaalstaaf van sy radioantenna vasmaak en die ander punt om 'n klip vaswoel voordat hy dit in 'n boom op gooi. Haar plan werk, want 'n minuut later breek sy stem helder deur die kraakstorm in haar ore.

Sowat 80-plus kilometer wes en effens noord van Koedoesvlei het Roland de Vries op die podium langs Omuthiya se paradegrond gestaan en die saluut beantwoord van die gemeganiseerde pelotons wat in formasie voor hom verbybeweeg. Die leisels van 61 is pas in sy hande geplaas. Langs hom het sy voorganger, Johan Dippenaar, sy aandag gevestig op die sigbare letsels van oorlog op die bruin staalvelle van die Ratels. Hy sou die eenheid so vegfiks moontlik kry vir die volgende ronde, het Roland homself net daar belowe.

By die inwoners van die Driehoek van die Dood was daar teen hierdie tyd 'n gelate aanvaarding dat SWAPO binnekort weer sou kom. Die somermaande se kosbare reën was 'n seën én 'n vloek. Dit was nodig vir hul landerye en weiding vir die vee, maar die digter bos het ook die bewegings van die guerrillas help verbloem. Maar intussen kon boere soos Daantjie van der Westhuizen, Hendrik Potgieter, Reinhard Friederich, Dave Keyser en oom Lukas Nel aandag aan die plaaswerk gee. Beeste is versorg, suipkrippe en windpompe en grensdrade onderhou.

Selfs in hierdie verposing in die oorlog op eie werf is die roetinetake van die kommando nie afgeskeep nie. Die Bravo-kaplyn is twee keer per dag gepatrolleer vir vars stewelspore en weer glad gevee. Die boere en hul Boesmanwerkers was altyd gereed om die veepos te verruil vir die mensejag, sou daar stewelspore in die sand wees.

Binnekort sou hulle almal – Pompie en die boere, die weermagbevelvoerder Roland en die SWAPO-vegter Lucius Malambo – saamgegooi word in die smeltkroes van die stryd.

Vir Roland was die begin van 1981 'n besige tyd. Hy moes sy gesin gevestig kry in een van die 12 huise op Tsumeb wat die dorpsraad en die mynmaatskappy vir hom en die senior leiersgroep voorsien het. Sy kinders moes in die dorpskool opgeneem word. En getrou aan sy aard het hy die taktiese, logistieke en menslike onderdele van sy eenheid uitmekaargehaal, bekyk en weer aanmekaargesit om dit te verstaan en beter te laat werk.

61 Meg was twee diere in een vel: Die een moes aanval, die ander verdedig. Vir die eerste taak was die eenheid goed toegerus en opgelei. Dis die tweede waaroor hy kriewelrig was. Voor sy aankoms op Omuthiya het hy vier maande in die destydse Rhodesië deurgebring as bevelvoerder van 'n bataljon Suid-Afrikaanse soldate in Rhodesiese kamoefleeruniforms. Daar in die suidoostelike hoek van die land, vasgedruk teen die Mosambiekse grens, het hy die frustrasie geproe van 'n oorlog waar jy sit en wag vir die vyand om jou aan te val.

Hy is deeglik ingelig dat SWAPO sommer binnekort

weer die Tsumeb-gebied sou probeer infiltreer. Daar was natuurlik reeds 'n wedstrydplan om die guerrillas te verslaan. Die kommando's, die leër, die lugmag en die polisie het gewys hulle kan dodelik doeltreffend saamwerk om plase en infrastruktuur te beskerm en die infiltreerders genadeloos te jag.

Maar in wese was dit steeds 'n verdedigingsplan. SWAPO se een belangrike wapen in hierdie oorlog was die element van verrassing. Saam het rolspelers soos Roland en Lukas Nel, hoof van die plaaslike kommando, die wedstrydplan bekend as Operasie Awake verstel en geslyp so goed hulle kon. Maar een ding kon hulle nie verander nie: SWAPO sou altyd die wedstryd afskop en die veiligheidsmagte sou altyd reageer.

En vir Tsumeb het dit baiekeer beteken dat hulle moes wag totdat daar vars stewelspore in die sand van die Bravo-kaplyn was.

Omdat Bravo op die ou bek-en-klouseer-grens gelê het, was die sandpad wat die guerrillas moes oorsteek goed gevestig. In die Tsumeb-sektor was daar genoeg mannekrag om dit daagliks te patrolleer en skoon en oop te hou. Stewelspore kon selfs vanuit die lug gesien word.

Die twee kaplyne verder noord, Charlie en Alpha, was nog betreklik nuut. Stootskrapers het doodeenvoudig twee letsels deur die bos gelaat. Maar in die operasionele sektor noord van die Tsumeb-gebied was daar nie genoeg mannekrag om Charlie en Alpha deeglik te patrolleer en skoon te hou nie. Soms het die bos stoppelbaard in dié twee kaplyne gemaak.

Die gevolg was dat die Swapo's soms Charlie en Alpha oorgesteek het sonder dat hul spore opgemerk is. Dan is daar eers alarm gemaak nadat hulle oor Bravo is – en eers dán kon die reaksieplan geaktiveer word.

"Tarentaal" was Roland se kodenaam vir die aktivering van die reaksieplan om huis en haard te beskerm. En dit was Lucius Malambo en sy makkers wat binnekort die tarentaal sou laat skree.

Lucius was 'n boorling van Sibbinda in die Caprivi, die smal groen vinger van Suidwes-Afrika vasgeknyp tussen Angola, Zambië, Suid-Rhodesië en Botswana. Sy verhaal was baie dieselfde as dié van duisende ander swart mans en vroue wat gehoop het die pad na beter vooruitsigte loop deur 'n SWAPO-opleidingskamp.

Soos baie plattelandse kinders van sy generasie het hy net die mees basiese skoolonderrig gekry, tot standerd 1. En soos baie ander kinders moes hy daarna sy dae verwyl deur sy pa se vee op te pas. 'n Lewe waarin hy soos 'n hoender 'n karige bestaan uit die stof sou moes skrop, het eindeloos voor hom uitgestrek.

Lucius was nog skaars 'n man toe hy na die dorpie Katima Mulilo op die Zambiese grens is, waar hy werk by 'n staatsgarage gekry het. Op Katima het hy nuwe vriende gemaak en een van hulle het hom na SWAPO se geheime politieke vergaderings begin saamneem. Uiteindelik het Lucius en drie ander mans van Katima besluit om Zambië toe te gaan en daar by PLAN, SWAPO se gewapende vleuel, aan te sluit.

Volgens berigte in die *Windhoek Observer* oor Lucius se latere verhoor weens terrorisme in die hooggeregshof in Windhoek was dit April 1981 – dieselfde tyd as die moord op die Roodts en Reinhard Friederich se oom op hul plase by Tsumeb.

Lucius het sy lang reis na die Driehoek van die Dood te

voet begin – nes hy later die Bravo-kaplyn sou oorsteek.[4] Hy en die ander drie, vergesel deur hul meisies, het in die nag doodluiters oor die grens geloop en koers gekies na die Wenela-polisiestasie aan die Zambiese kant, waar hulle verklaar het hulle is van SWAPO. Hulle is toe in 'n Zambiese polisie-Land Rover na Sesheke geneem, waar hulle aangesê is om te wag op 'n bus wat hulle sou kom haal. 'n Paar dae later het die bus hulle geneem na die toeristedorpie Livingstone op die rand van die Victoriawaterval, genoem na die beroemde Britse ontdekkingsreisiger.

Wie weet, dalk het hulle die dorp se stowwerige museumpie besoek, waar Livingstone se skryftafeltjie en ander persoonlike items bewaar word saam met die kettings en boeie wat gebruik is op die ou slaweroetes in dié hoek van Afrika. Daar sou hulle ook die motorfiets kon sien waarmee Kenneth Kaunda as jong vryheidsvegter op die agterpaaie van revolusie gery het.

Van Livingstone af is die agt Capriviane met die trein Lusaka toe, hul koppe vol drome van die dag wanneer hulle hul eie land se kettings sou help afgooi. Daar gekom, is hulle deur die polisie ingewag en aangehou totdat 'n SWAPO-afvaardiging hulle kom haal het. Hulle is kos gegee en toe agterop 'n vragmotor na 'n plek geneem waar hulle in 'n wagtende Land Rover moes klim.

Regdeur die nag het hulle gewieg en gestamp tot by 'n kamp wat deur die Ovambo-offisiere in beheer Nyango genoem is. Lucius onthou daar was baie ou mans en vroue en kinders: Dit was 'n soort revolusionêre halfwegstasie,

---

4 Uit die *Observer* se beriggewing en Roland se destydse bevelvoerdersverslae, asook sy herinneringe in *Eye of the Firestorm*, is 'n deels gedramatiseerde rekonstruksie van dié reis moontlik.

waar PLAN besluit het wat hy met jou gaan maak.

Die paadjies van die groepie rekrute uit Katima Mulilo het nou uitmekaargegaan. Een van hulle is Duitsland toe gestuur vir opleiding. Nog een, 'n vrou, is Kuba toe gestuur. Lucius se reis het vir eers hier in die Zambiese bos opgehou: Hy is na 'n SWAPO-plaas gestuur om daar te werk.

Sy reis is eindelik hervat toe hy en 300 ander met busse na Angola geneem is. Die uitmergelende rit het 'n week lank geduur en aan die einde van die pad was 'n basis naby 'n dorp genaamd Lubango.

Hier is hulle geleer hoe om die gereedskap van revolusie te gebruik. Hoe om die AK47-geweer uitmekaar te haal – rompdeksel, sluitstuk, veer – en aanmekaar te sit, hoe om die patrone een vir een in die magasyn te druk, die magasyn in die geweer te laat inklik, die geweer met 'n metaalagtige geknars te span.

Veiligheidsknip af, op outomaties, kolf vas teen die skouer, jou oog soek die reguit lyn tussen die agterste visier en voorste visier en die teiken. Druk die sneller; moenie trek nie! Bap-bap-bap-bap – vir party die lied van vryheid, vir ander die stem van terreur. Kruip deur die stof, marsjeer in die hoogskop-styl so geliefd onder Afrika se bevrydingsbewegings.

Dit was in die middel van Maart 1981, byna twee jaar nadat Lucius se reis in Katima begin het. Hy en 21 ander guerrillas is met vragmotors tot naby die grens geneem. Hier is hulle ingewag deur 'n beskermingsgroep van 20 PLAN-vegters wat hulle 'n ruk lank sou vergesel.

Hulle het die grens in groepe van vyf oorgesteek en suidwaarts koers gekies.

Lucius, soos sy makkers, is bewapen met 'n AK47, sowat honderd patrone, 'n handgranaat en vier blokke

TNT-springstof. In sy sak was R100 in Suid-Afrikaanse geld om kos mee te koop. Die leier van elke groep van vier of vyf het ook 'n Tokarof-pistool en 'n kompas gehad, en elke groep het 'n RPG-vuurpyllanseerder en landmyne gedra.

Hul opdrag was bedrieglik eenvoudig: Blaas spoorlyne en windpompe op; skiet snags op voertuie op die paaie; plant die landmyne. Keer terug na Angola. Eenvoudig, behalwe een ding: Hulle was op pad na 'n doodsakker waar hulle soos jakkalse gejag sou word.

Hulle het gestap en gestap. In die Tsumeb-distrik sou daar water in die veld wees, maar eers is hulle deur 'n dorre streek waar hulle net by afgeleë krale, suipkrippe en windpompe water kon kry. Die warm sand het aan hul stewels gesuig en die swaar uitrusting het hul skouers deur die katoen van die vaalgroen Chinese kamoefleeruniforms geskaaf. Kos kon hulle soms van die plaaslike mense koop en een keer het hulle 'n boerbok doodgemaak en geslag.

Ons het die bok se bloed gedrink, want ons was dors en het nie geweet waar die volgende water sou wees nie.

Hulle het elke dag gestap tot ná sononder, soms sommer op die teer van die hoofpad wat Suidwes van noord na suid deurkruis. Hulle kon voertuie van ver af hoor aankom en het dan in die bos aan die soom van die pad geskuil. Maar voor sonop het hulle weer gestap, want die nagte was koud en hulle moes beweeg om warm te word.

'n Ent voor die Charlie-kaplyn het die beskermingsgroep omgedraai en terug Angola toe gegaan, hul taak afgehandel. Die 22 was nou op hul eie.

In 'n stadium, ná dae se stap, het hulle in twee groepe opgebreek. Een groep van 11 sou wes van Tsumeb verbybeweeg. Lucius was een van die groep van 11 wat na die oostekant van Tsumeb sou gaan.

Hy sou nooit weet presies wanneer hul spore raakgesien is en hulle die prooi in plaas van die jagters geword het nie.

Ons het vroeg die oggend oor 'n pad geloop en 'n ruk later in die lug opgekyk toe ons die vliegtuig hoor, maar ons het nie geweet of hy ons gesien het nie en het aangehou loop.

Dit was 6 April.

Op Omuthiya was Roland besig met roetinetake toe die radioberig van Lukas Nel-hulle af kom: Daar's spore oor die Bravo-kaplyn naby die plaas Vaalwater. Die *terrs* is "in" ...

By die kaplyn het die kommando-spoorsnyers Roland ingewag en hom die onmiskenbare chevronmerke van SWAPO-stewelspore in die sand gaan wys. En skerp oë het nog tekens raakgesien – spinnerakdrade van katoen waar die haak-en-steek-bos aan die Chinese kamoefleeruniforms gepluk het.

Teen hierdie tyd het die 22 uitmekaargespat in groepies van vier of vyf, elke groep op pad na 'n bestemming. Die Winterspele het begin.

Op Koedoesvlei is daar sonder veel ophef oorgeskakel na die roetine van die infiltrasieseisoen. In die kombuis het Pompie die radio's harder gedraai. Daantjie, Hendrik en Jan Kaka is bos toe om die spoor te gaan vat. Olivia en haar twee kinders het soos altyd van die buurplaas af gekom en die Boesman-gesinne het hulle binne die veiligheidsheining tuisgemaak so goed hulle kon. Twee dienspligtiges van 61 se artilleriebattery is op die werf afgelaai om plaasbeskerming te doen.

Vir Olivia was dié tye in die oorvol plaashuis met sy ewige kom en gaan van vuil, honger troepe 'n bietjie van 'n pyn. Sy was nie bang nie. Die dorpenaars was glo bang – vir wat? Nie die boere nie. Sy het vertroue in die veiligheidsmagte gehad en die kommando-opleiding het haar gereed laat voel vir enigiets. Sy was gewoond aan die gewig van die G3-geweer.

Tog was sy ook effens gespanne wanneer die terroriste volgens die radioverkeer nog steeds in die omgewing van Koedoesvlei en die buurplase was. Die reëls waarby gehou moes word, het ook haar irritasievlakke help opjaag: Moenie voor die vensters verbyloop nie. Moenie uit die huis beweeg sonder 'n troepie op jou hakke nie.

Wanneer die terroriste suid van Koedoesvlei was, op pad na Otavi of Grootfontein, het die huismense ontspan. Wanneer hulle omgedraai het om weer noordwaarts te kom, op pad "uit", het die spanning weer toegeneem.

En dan was daar Hendrik en pa Daantjie. Voordat die twee uit is na die spoor toe, het haar pa altyd vir haar kom sê: "My kind, ek hoop nie die dag sal ooit kom dat ek vir jou moet sê Hendrik is dood nie."

Nes haar jonger suster, Riana, was Olivia baie bewus van hoe Pompie haar al hoe meer aan die alledaagse dinge van huishou en ma-wees onttrek het. Hoe Daantjie al hoe meer die rol van albei ouers vervul het. Maar Olivia was ouer; sy het kinders van haar eie gehad en 'n man wat ook staatgemaak het op Pompie en haar radio's wanneer hy in die bos was. Sy het Pompie se lewe van plig beter verstaan as haar kleinsus. Deur die ontwrigting en ongerief, lang ure en gedrang van die infiltrasies was sy die uiterlik onverstoorbare een wat dinge met 'n skeppie eiesoortige humor draagliker kon maak.

Die dienspligtiges wat haar knaend agtervolg het – seker nie net uit pligsbesef nie, want Olivia was jonk, blond en aantreklik – moes dit soms ontgeld wanneer sy in die bui was vir sports. Soos die outjie wat effens stadig van begrip was en aanmekaar verloor het toe hulle kaartgespeel het. Olivia het hom oortuig dis meer pret as sy hom 'n kol skoenpolitoer op sy gesig gee elke keer as hy verloor. Toe hy later sy lot bekla, oortuig sy hom die bottel rooi ontsmettingsmiddel sal die politoer afkry. En toe dit nie werk nie, haar ma se haarverwyderaar ... Sy dik, swart wenkbroue was daarna nie dieselfde nie.

Maar toe die outjie se offisiere op daardie oomblik onverwags inspeksie kom doen om te sien hoe paraat hy was, was Olivia die een wat hom weggesteek het en verskonings uitgedink het oor hoekom hy nêrens te siene was nie.

En Riana?

Riana was steeds die onbegrypende, rebelse dogtertjie. Wanneer sy tierend-angstig was oor haar pa in die bos, wanneer sy woedend was omdat haar ma nie nóú die oorfone kon afhaal en aandag aan haar gee nie. Haar nie daar en dan met liefde kon toevou nie.

En daar was Riana se konflik met die "probleemkinders" – die dienspligtiges, sommige met emosionele letsels vir wie Pompie soms op versoek van die kapelaan ma moes speel, of wat plaasbeskerming tydens infiltrasies kom doen het. Soos Kleinjan, vir wie sy nie kon verdra nie en hy nie vir haar nie. Deure het gedurig tussen hulle toegeklap en erger. In Riana was die woede en frustrasie net onder die oppervlak omdat sy gevoel het die oorlog, die radio's in die kombuis, die vreemdelinge in die huis, ontneem haar die sorgelose kinderjare wat haar ouer susters gehad het.

Elders, nie baie ver van Koedoesvlei af nie, het Lucius Malambo en sy makkers se oorlog ook glad nie goed verloop nie.

'n Paar dae nadat hulle die vliegtuig gesien het, was daar 'n tweede vliegtuig – hierdie keer vergesel van 'n helikopter.

Kyk, hulle sirkel laag oor die bos. Hulle weet ons is hier. Die Boere soek ons. Maar ons het aanhou stap.

Wat hulle nie geweet het nie, was dat die ander groepe infiltreerders reeds besig was om te veg, te vlug en te sterf.

Daantjie en Hendrik het met een van dié groepe slaags geraak in 'n voorval wat Roland byna 'n jaar later rede sou hê om te onthou – en wat vir die twee mans se families simbolies sou word van die hegte band tussen hulle. Hendrik was dié dag op die grond, warm op die spoor saam met die Boesmans, met Daantjie agter hulle op die oop bak van die landmynbestande Buffel-troepedraer wat deur die Tsumeb-kommando se plaaspelotons gebruik is.

Die guerrillas, moontlik te uitgeput om verder te vlug, het omgedraai en begin veg. Hendrik en die ander spoorsnyers was op die grond vasgepen. Daantjie het die drywer van die Buffel opdrag gegee om tussen Hendrik-hulle en die Swapo's in te jaag sodat sy voertuig die vuur getrek het.

Lucius se groep van vier het steeds aanhou stap in 'n suidoostelike rigting, sonder enige idee van dag of datum. Op 'n dag het hulle 'n windpomp met TNT opgeblaas. En gestap en geskuil, gestap en geskuil.

Hulle het op beeste afgekom.

Maak dood daardie een; ons moet eet. Gebruik jou bajonet.

Maar die dier was te sterk en hulle het toe 'n kalf met 'n pistool geskiet. En gestap.

Die volgende dag het hulle by Boesmans kos gevra en water by nog 'n windpomp gekry, maar toe is die helikopter daar en die Boere kom en hulle moes hardloop terwyl die haak-en-steek na hul arms en bene en gesigte gryp. Hulle het lank genoeg gestop om 'n landmyn op hul spore te plant en verder gehardloop.

Nog 'n oggend het aangebreek. Die vier het onder 'n boom gesit en rus toe die geweervuur begin. Twee is geskiet; Lucius en nog 'n man het die bos in gevlug. Noordwaarts, terug na Angola, hul teikens en sending hier in die Driehoek van die Dood vergete.

Hul oorlog was amper verby.

By 61 se taktiese hoofkantoor op Tsumeb was Roland verveeld. Die vorige 12 dae was vol aksie en adrenalien. Daar was 14 "kontakte" – vuurwarm skietgevegte waarin 17 Swapo's doodgeskiet en twee gevang is, met geen verliese aan die kant van die veiligheidsmagte of boeregemeenskap nie.

Maar die opwinding van die jag was nou so te sê verby.

Daar was nog net twee opvolgoperasies aan die gang. Noordwes van Tsintsabis was 'n enkele guerrilla besig om na Angola te vlug. En in die ooste, nader aan Tsumeb maar feitlik op die Alpha-kaplyn, het Lucius en sy oorblywende makker noordwaarts gehardloop. Die drie van hulle was die laaste van die 22 wat minder as twee weke tevore oor die Bravo-kaplyn gekom het.

Maar die slottonele van die drama was uitgerek en Roland was moeg om rond te sit en te wag vir nuus uit die veld. Hy het sy senior leiersgroep gevra wie lus gehad het om hulle by die jag op die twee voortvlugtendes in die ooste aan te sluit. Majoor Thys Rall, tweede-in-bevel van

61, en sersant-majoor Hennie Blaauw van die Otjiwarongo-plaaskommando het saam met Roland in sy Ratel geklim.

Daar sou nog een laaste kontak wees.

Hy het in die hardloop die laaste spuitnaald vol morfien in sy bobeen ingestamp, maar die euforiese miswolk van die dwelm het nou verdamp. Hy kon weer die dorings deur sy vel voel skeur, die brandpyn in sy longe, die vuur wat sy bloeiende voete verteer. Die morfien was op; daar sou geen verligting meer wees nie. Net pyn. Maar kort agter hulle kon Lucius die Boesman-spoorsnyers se opgewonde krete hoor. En agter die geel jagters, altyd nader, die huilsang van die Ratels se turbo-enjins. Hy het aanhou hardloop.

Roland se Ratel was regs van die vars spoor; kaptein Herbie Pos s'n aan die linkerkant. Tussen hulle het die spoorsnyers voluit gehardloop. Dit was kort ná halfvyf die middag.

Roland het regop gestaan in die bevelstoring van sy Ratel, sy voete op sy sitplek, toe hy die twee vlugtende mans in hul kamoefleeruniforms sien, sowat 300 m weg. Hy het met sy R5-geweer op hulle begin skiet terwyl sy drywer vetgegee het.

Die koeëls het stikpatrone in die stof rondom die hardlopende mans gemaak. Lucius het vasgesteek, omgekyk, die Ratel op hulle sien afjaag, 'n lang man halflyf buite, die geweer wat knetter soos 'n veldbrand. Lucius kon nie meer hardloop nie. Hy wou nie sterf nie. Hy het die AK laat val en sy hande in die lug opgesteek.

Die Ratel het in 'n stofwolk langs die guerrilla met die vreesbevange gesig gestop en Hennie Blaauw het van bo af op hom gespring. Lucius Malambo se oorlog was verby. Binnekort sou hy beskuldigde nommer 3 in die Windhoekse hooggeregshof wees.

Maar die ander man het aanhou hardloop en die Ratel is weer agterna, terwyl Roland aanhou skiet. In sy herinneringe beskryf hy die laaste doodsdrama van die 1981-infiltrasie: "Die oorblywende insurgent het toe in die lang gras verdwyn. Ek het die Ratel weer gehalt, afgespring en agterna gehardloop en aanhou skiet in die gras, want ek het nie geweet of hy gewond was en of hy my wou voorlê en uithaal nie."[5]

Hy sou later uitvind die man was sterwend nadat hy hom reeds sewe keer raak geskiet het.

"Maar hy het nog baie *fight* in hom gehad, toe ek op hom afkom, rol hy om en mik met sy AK na my ... maar hy het nie geskiet nie, net slap geword en gesterf."

Roland het die AK uit die dooie man se hande gehaal en tot sy groot verligting gesien die geweer het geweier om te vuur toe die man sy laaste skoot wou aftrek.

Die guerrilla het 'n kompas en Tokarof-pistool gedra – 'n teken dat hy 'n seksieleier was. Roland het vandag steeds sy SWAPO-pet. "Ek hou daardie pet om my te herinner aan 'n dapper soldaat wat geweier het om oor te gee ten spyte van die oormag teen hom en die lewensgevaar waarin hy verkeer het. Ek dink gereeld aan hom. Hy het ook 'n gesin êrens gehad. As hulle ooit hiervan lees, kan hulle dit met groot trots doen.

"Ek het vir die eerste keer besef hoeveel swaarkry die infiltreerders moes deurmaak, sy voete het gebloei nadat hy honderde kilometers ver oor ruwe terrein gestap het. Maar hy het nie opgegee nie, hy het tot die bitter einde toe aangehou."

---

5 Aangehaal uit *Eye of the Firestorm*. Uit Engels vertaal en verkort.

Elders, noordwes van Tsintsabis, het die valskermsoldate laat weet hulle het die spoor van die laaste voortvlugtende verloor. Los hom, het Roland oor die radio laat weet. Laat hom gaan.

En daarmee, op die middag van 18 April, was die Winterspele van 1981 verby. Agtien van die 22 Swapo's wat 12 dae tevore oor die Bravo-kaplyn gekom het, was dood; drie was krygsgevangenes. Hulle het bitter min vermag in ruil vir hul lewens: 'n paar landmyn- en ander sabotasievoorvalle wat relatief min skade aangerig het. Die spoorlyn tussen Tsumeb en Otavi is opgeblaas, maar gou herstel.

Of daardie laaste man die relatiewe veiligheid van die Angolese grens gehaal het, weet niemand nie.

Vir Lucius was daar nog 'n nasleep: sy verhoor op aanklagte van terrorisme saam met die twee ander krygs-gevangenes, waarvan een 'n skietwond in die been gehad het. Die drie is pro Deo verteenwoordig deur die bekende menseregteprokureur Anton Lubowski. Lubowski sou later die slagoffer word van 'n sluipmoord wat na bewering die werk was van die Burgerlike Samewerkingsburo, die Suid-Afrikaanse Weermag se eie terreureenheid.

Al drie is skuldig bevind en het glo later met die veiligheidsmagte begin saamwerk.

Vir Roland was die operasie teen Lucius en sy SWAPO-makkers 'n hoogs suksesvolle blitzkrieg. Vir die mense van Tsumeb – die Van der Westhuizens van Koedoesvlei, oom Lukas en Reinhard en Dave – was die skok en pyn van die moorde op die Roodts en Adolf Friederich twee jaar tevore gedeeltelik uitgewis. En daarmee saam was daar die verligting dat hulle daartoe in staat was om huis en haard suksesvol te verdedig.

Met die mans terug uit die bos en die lewe op die plase en dorp weer relatief normaal, kon Pompie weer saans die radio's sagter draai en rus. Daar was tyd om saam te kuier en die vriendskapsbande tussen 61 en die gemeenskap hegter te smee.

Vir 61 se militêre gesinne op Tsumeb was daar die swembad en ander geriewe van die mynmaatskappy se sportklub, uitstappies na die Etosha-wildtuin, die Hobas-meteoriet, die Otjikotomeer en Swakopmund, of kuiers op Koedoesvlei en die ander plase. Daar was tradisionele Duitse geregte soos eisbein en sauerkraut in die ou koloniale Minen Hotel, laat nagte van Jägermeister en vatbier in Sekelbossie – die kommandokroeg – of in die Buighuis, 61 se amptelike offisierskroeg in Tsumeb.

Die Buighuis, 'n keldervertrek in die huis wat as 61 se hoofkwartier diens gedoen het, is só genoem omdat besoekers moes buig om by die lae deur in te kom. Dit was welbekend aan besoekers soos generaals Constand Viljoen en Jannie Geldenhuys, asook die grapjas Fanus Rautenbach en die voormalige Mej. Suid-Afrika Penny Coelen. Buite onder die groot ou vyeboom het die grootmense gebraai en die dorpskinders gespeel. Vir die dorpenaars en boere was daar weer kuiers op Omuthiya, met al die gasvryheid wat 61 onder die kameeldoringbome of onder die groot sinkdakke van die Ratel-loodse kon bied.

Roland was veral lief om te luister na die staaltjies van Tsumeb se veterane van die Tweede Wêreldoorlog, wat aan albei kante van dié konflik gaan veg het voordat hulle na hul heimat in Suider-Afrika teruggekeer het. Vir dié wat aan Britse kant geveg het, was daar natuurlik die plaaslike tak van die Memorial Order of Tin Hats (MOTH), waarvan oom Lukas Nel die voorbok was. En dan was daar die

Alte Kameraden, wat aan die Duitse kant geveg het. In laasgenoemde se geledere was daar kleurvolle karakters soos Robert Kaspar, 'n sersant in Hitler se weermag wat op Tsumeb berug was vir sy tuisgemaakte maroelamampoer, Ollie Hasse, wie se Stuka-bomwerper bo die Engelse kanaal afgeskiet is (Roland vertel hy het altyd 'n ou geel koerantuitknipsel in sy hempsak gedra om dit te bewys), en Horst Kolner, wat as valskermsoldaat aan die Duitse inval van die eiland Kreta deelgeneem het. En dan was daar die legendariese Duitse tenkbevelvoerder, generaal Erwin Rommel, se drywer ...

Soms was daar weer "oorlog" tussen die Duitse en Geallieerde veterane: Roland het hulle na Omuthiya se skietbaan geneem, met mortiere toegerus, en dan het hulle teen mekaar geskiet. Die Alte Kameraden het glo dikwels hul ou vyand ore aangesit met die spoed en aanpasbaarheid waarmee hulle teikens soos ou motorwrakke bestook het. Dan het hulle lustig op pad terug na Tsumeb in die Ratel hul marsliedere van weleer gesing terwyl die MOTH-lede effe dikbek sit en slaap het. Terug op die dorp is die vrede weer herstel op die Minen se kroegstoele, blinkgeskuur deur dekades van sitvlakdiens.

Tsumeb, smeltkroes van volke, kruispad van konflik deur die eeue ...

Maar dit sou onvanpas wees om die jaar 1981 af te sluit sonder vermelding van nog een verdere geskiedkundige voetnota, nog een slagveld.

Om die omvang en strategiese impak van Operasie Protea in die suide van Angola te bespreek, val buite die bestek van hierdie boek. Leesstof oor Protea is daar baie, in die besonder Roland de Vries se *Eye of the Firestorm*. Dit was immers Roland wat 61 Meg, wat vir die doeleindes van die operasie die harde kern van Veggroep 10 sou vorm, op 23 Augustus oor die grens gelei het. Hul teikens was die Angolese dorpe Xangongo en Ondjiva, wat deur die Angolese weermag, FAPLA, omskep is in militêre vestings omring deur mynvelde en loopgraafstelsels, beskerm deur infanterie, artillerie en Russiese tenks. Maar dit was meer as FAPLA-vestings: Dit was ook gerieflike wegspringplekke vir SWAPO-guerrillas wat Suidwes-Afrika wou infiltreer.

Die Suid-Afrikaanse gemeganiseerde aanslag was onverwags, vinnig en verwoestend. In Xangongo moes Russiese militêre raadgewers en hul gesinne van hul ontbyttafels af opstaan en vlug. Protea het 11 dae geduur. Tien Suid-Afrikaanse soldate het omgekom; die vyand se verliese was meer as duisend man.

Roland en sy troepe is met hul tuiskoms op Omuthiya verras met vars vleis vir 'n braai, 'n weelde wat soldate tydens gevegsoperasies nie beskore is nie. Dit was glo Pompie wat op die radio's geklim en gesorg het dat Tsumeb se boere slag toe sy hoor 61 is op pad terug.

Wat het Protea beteken vir Tsumeb? Eenvoudig dít: Geen SWAPO-guerrilla sou ooit weer, soos Lucius Malambo, met 'n vragmotor tot by die grens aangery word nie. Danksy Protea sou SWAPO voortaan sowat 400 km deur Angola moes stap net om die Suidwes-grens te bereik. Op dié stuk aarde sou die Suid-Afrikaners en hul UNITA-bondgenote gereeld veegoperasies uitvoer om te sorg dat dit nie weer deur FAPLA of SWAPO beset word nie. Vir SWAPO was die Driehoek van die Dood skielik baie verder.

Maar nie ver genoeg nie. Die volgende reëns was dalk nog vyf maande of wat weg, maar 'n storm was reeds aan die broei.

10 Die vulkaan

Hoog op 'n berg bo die dorp Lubango in Angola tuur 'n reuse-Christusbeeld met uitgestrekte arms oor die bos van Afrika.

Dit heet die Cristo Rei, wat in Portugees beteken "Christus die Koning". Dis identies aan die Christusbeeld wat oor die polsende Brasiliaanse stad Rio de Janeiro waak, maar is kleiner. En die Lubango-beeld, 30 m hoog en van glimmende wit marmer, het sy eie tweeling: in Lissabon, die setel van Angola se voormalige Portugese heersers.

Maar die beeld is meer as net 'n baken van die Christelike geloof in dié suidelike deel van Angola. Dis 'n dramatiese mylpaal in die eeueoue stryd tussen Afrikaner en Ovambo waarvan die Bosoorlog een bloedige hoofstuk was.

Lubango, of Sá da Bandeira, soos die Portugese dit genoem het, is padlangs 731 km van Tsumeb en die Driehoek van die Dood af. En in die jaar 1982 sou die beleërde boeregemeenskap van Tsumeb goeie rede hê om van Lubango kennis te neem.

Net 12 km weg van Lubango is die plek genaamd Humpata, waar die Dorslandtrekkers hulle aan die begin van 1881 gaan vestig het nadat hulle in 1874 uit die ou Transvaal padgegee het in hul strewe om eens en vir altyd onder die Britse vlag uit te kom.

Dié vrugbare, tropiese vallei moes vir hulle 'n paradys gewees het ná hul trek van sowat 2 000 km deur onder meer die dorre woestyn van Suidwes-Afrika wat soveel lewens gekos het. Hulle het met die goedkeuring van die Portugese koloniale owerheid, wat die Boere toe al reeds as 'n militêre reserwemag teen rebelse swart stamme begin gebruik het, plase uitgemerk en begin boer.

Maar teen April 1885 was sowat 25 trekkergesinne reeds weer op die wapad, met die plan om terug te keer na die Transvaal. Dit was húlle wat die kortstondige Boerestaat bekend as die Republiek Upingtonia uitgeroep het op die grond wat van Kambonde kaMpingana, koning van die Ondongas van Ovamboland, aangekoop is vir 300 pond, 25 gewere, een gesoute perd en 'n vat brandewyn.

Upingtonia was net suid van Ovamboland en het gestrek van Otavi in die weste tot by Grootfontein in die ooste. Dit het die koperneerslae in die Otaviberge ingesluit, daar waar Tsumeb later sou verrys. Upingtonia was dus in die latere Driehoek van die Dood geleë. Maar skaars 'n jaar later was die Boerestaat tot niet nadat die Ovambo's teen hulle gedraai het. Op hul terugtog na Angola is die Boere herhaaldelik deur die Ovambo's aangeval.

Teen September 1888 was hulle terug in die omgewing van Humpata en vandag lê dié rustelose Afrikaners nog steeds daar in hul grafte.

In 1882, nadat die Dorslandtrekkers Grootfontein toe is en voor hul terugkeer, is Sá da Bandeira deur sowat duisend Portugese afkomstig van die eiland Madeira gestig.

Danksy die vrugbare grond in die omgewing het dit gou 'n welvarende landboustreek geword.

Dis moeilik om vas te stel presies wanneer die Cristo de Rei bo die dorp opgerig is, maar die identiese beeld in Lissabon is in 1959 ingewy as 'n lofbetuiging aan God nadat Portugese geloofsleiers in 1940 gebid het dat hul land nie by die Tweede Wêreldoorlog ingesleep word nie.

Maar Angola en Lubango het oorlog natuurlik nie gespaar gebly nie. In die chaotiese doodsnikke van die Portugese bewind in 1975 is Lubango verower deur die legendariese kolonel Jan Breytenbach en 'n saamgeflanste mag van Angolese FNLA-rebelle, wat hy later in die gedugte 32 Bataljon sou omskep.

Nadat die Suid-Afrikaanse ekspedisiemag aan Angola onttrek is, het FAPLA (die gewapende mag van die nuwe MPLA-regering) en sy Kubaanse bondgenote na Lubango teruggekeer. Dit het 'n Angolese lugmagbasis gehuisves, asook 'n logistieke en militêre inligtingsentrum.

Dit het ook die lanseerplek geword vir SWAPO, wat deur Ovambo's gedomineer is, se aanvalle op Tsumeb se plaasgemeenskap.

As jy op die uitkykplatform aan die voete van die Christusbeeld staan, kyk wes na waar die landskap weens 'n vulkaniese skeur dramaties na die kusvlakte en die Atlantiese Oseaan daal. Daar êrens, 30 km van Lubango af, was die Volcano-basis. In 1981-'82 was dit die lêplek van SWAPO se spesialemagte-eenheid, Typhoon.

Typhoon se enigste doel was om Suidwes te infiltreer en dood en verskrikking onder die plaasgesinne te saai. En Volcano was die plek waar spesiaal gekeurde PLAN-vegters uitsluitlik vir dié taak opgelei en bewapen is, waar die infiltrasies beplan is, en waar die lang opmars na die

Tsumeb-omgewing begin het.

Die naam van die bevelvoerder van die Volcano-basis was Ruben "Danger" Ashipala, 'n flambojante karakter wat deur sommige van sy voormalige vyande as takties briljant bestempel word. Hy het die filosofie agter dié soort operasie verstaan. Die groot waarde van die infiltrasies, wat vir die meeste SWAPO-vegters by die dood geëindig het, was propaganda.

Elke boer wat suid van die Rooilyn gesterf het, elke bakkie wat 'n landmyn getrap het, elke swart ondersteuner van die Suid-Afrikaanse veiligheidsmagte wat geïntimideer is, was die hoë prys aan SWAPO-lewens werd. Dit het vrees onder die wittes gesaai, die veiligheidsmagte swak laat lyk in die oë van die plaaslike swart bevolking en verseker dat SWAPO se skenkersgeld en wapenbronne nie opdroog nie.

Danger Ashipala het immers persoonlike ondervinding van dié soort ding gehad.

Op 'n dag in 1978 het die SWAPO-leier, Sam Nujoma, die basis besoek waar Danger in daardie stadium gebaseer was. Dit was baie nader aan die Suidwes-grens, voordat SWAPO deur Suid-Afrikaanse oorgrensoperasies soos Protea in 1981 gedwing sou word om hul basisse dieper in Angola in te skuif.

Nujoma het die guerrillas daar in die bos toegespreek en gevra: "Hoekom kan ons nie een van die vyand vang nie?" Danger het sy hand opgesteek en gesê hý sal.

Die nag van 19 Februarie 1978 het Danger 'n groep Swapo's te voet oor die grens gelei en die watergat by Elundu, 10 km binne Suidwes, aangeval. Van die 11 Suid-Afrikaanse troepe by die watergat is drie dood en ses gewond. Die gewonde geniesoldaat Johan van der Mescht is as 'n krygsgevangene na Angola weggevoer.

Nujoma het sy propagandatriomf gekry. Maar dít was 1978. Teen 1981 moes SWAPO baie verder loop om die boere te probeer bykom en die Suid-Afrikaanse magte was baie doeltreffender met hul teeninsurgensie-operasies.

Dis 06:00 die oggend en die wagte, koud en verveeld ná die lang nag, begin rondbeweeg tussen die geprakseerde grondseiltentjies om die slapende basis in die waai van die riviertjie wakker te maak. Die Typhoon-rekrute kruip uit hul eenvoudige blyplekke en stap na die water om te drink en te was. Daar is geen heining, wagtoring, pad, mynveld of loopgrawe om buitelyne aan die basis te gee nie. Volcano smelt byna soomloos met die omringende berglandskap saam.

Skielik weerklink drie slae op 'n ysterstaaf deur die basis. Almal kyk op en soek na die vliegtuig wat hulle weet daar moet wees, veral die groepie wat op die koppie in die suidwestelike hoek van die basis slaap. Hulle is met draagbare Strela-missiele en lanseerbuise gewapen, want die koppie is Volcano se lugafweerstelling. Maar hulle ontspan gou, want dis die onmiskenbaar logge vorm van 'n Russiese Antonof-vragvliegtuig wat Lubango vanuit die rigting van Luanda nader.

By die drie kookplekke word die vure gestook vir die eerste van die dag se twee maaltye.

Danger kom uit sy tent te voorskyn – een van vier groot groen tente in die basis. Die ander is die hospitaal, die voorradetent en politieke kommissaris se tent. Danger se plek is maklik om uit te ken: Sy Toyota-bakkie, die enigste voertuig in die basis, is buite geparkeer. Hy stap na sy opelugkantoor, omhein met pale, waar hy gewoonlik saam met sy senior offisiere onder die mangobome eet.

Geheime Suid-Afrikaanse militêre inligtingsverslae uit die era beskryf Volcano in fyn detail. Die ligging, die uitleg van die basis, hoeveel man daar opgelei word, die name van die pelotonbevelvoerders en instrukteurs, hul daaglikse roetine, wapentuig, toegangsroetes ... Alles is uitgestippel op 'n kaart, met die hand geteken deur een van die guerrillas wat in Volcano opgelei is voordat hy in die Tsumeb-omgewing gevang is.

Die middelpunt van die basis was 'n groot paradegrond, omring met 'n eenvoudige paalheining. In een hoek van die paradegrond was die buitelyne van Suidwes-Afrika met rivierklippe op die grond uitgepak. Aan die oostekant van die paradegrond was daar 'n verhoog met 'n afdak van seil vir die senior leiersgroep om tydens parades te sit. Hier het BBP-gaste ook gesit wanneer die infiltrasiespanne weggesien is. In Volcano was daar niks soos 'n lekker opruiende politieke toespraak voordat jy na jou dood gestuur word nie.

Die enigste behoorlike bunker in die basis was die ammunisieopslagplek en wapenstoor. Dit was 2 m diep. Dik houtpale is bo-oor geplaas om 'n dak te vorm en dit is toe met grond bedek. Hier is die dodelike werktuie van terreur geberg: AK47-patrone, handgranate, landmyne, geweergranate, RPG7-vuurpyle, Strela-missiele, mortierbomme en plofstof.

Nie ver van Danger se kantoor nie was 'n daklose uitgrawing met 'n lessenaar en 'n kaart van Suidwes daarop. Infiltrasies is heel moontlik daar beplan.

Dit lyk of Danger geglo het dat die opleiding en geestelike voorbereiding vir infiltrasies in afsondering moet gebeur. Die basis het geen radio- of telefoonverbinding met die buitewêreld gehad nie. Geskrewe boodskappe is ontvang en gestuur saam met die vragmotors wat voorraad soos kos vanaf Lubango na Volcano gebring het. Daar was geen voertuie behalwe Danger se bakkie nie en die naaste pad, die Lubango-grondpad, het 3 km van die basis af verbygeloop. Geen plaaslike mense het naby die basis gewoon nie en besoeke is nie toegelaat nie.

In Augustus 1981 was daar sowat 400 man in die basis besig met opleiding. Min of meer die helfte van hulle was nuwe rekrute, want baie PLAN-guerrillas keer nooit van die infiltrasies af terug nie.

Om gekeur te word vir Typhoon moes hulle Afrikaans en Engels kon praat, hulle moes al op 'n sending in Ovamboland gewees en gevegservaring gehad het, en hulle moes meer geletterd gewees het as die deursneelid van PLAN.

Hulle was ingedeel in tien pelotons van 40 man elk. Hul bevelvoerders, met gevegsname soos Amin, Kilimandjaro, Castro en Kaunda, het agter die Ystergordyn of in China opleiding gekry. Elke kompanie het sy eie politieke kommissaris gehad, wat hulle voortdurend moes motiveer om te veg vir SWAPO se saak.

Die daaglikse sillabus van terreur in Volcano was gefokus op die take wat op hulle wag: landmyne lê en die gebruik van plofstof vir sabotasie; hinderlae en ander basiese gevegstegnieke; hoe om spoorsnyers te mislei; noodhulp. Laasgenoemde het daarop neergekom dat hulle geen hulp kon verwag as hulle tydens 'n infiltrasie geskiet word nie. In hul klein mediese *kits* was bomverbande en spuitnaalde met penisillien en morfien sodat hulle so lank moontlik aan die hardloop kon bly. Vir gewonde Swapo's was daar geen helikopters wat hulle uit die bos kon gaan pluk nie, geen moderne hospitale en kraakwit linne nie.

Op 'n dag in Maart 1982 is daar begin met die uitdeel van uitrusting aan die guerrillas – onder meer ekstra waterbottels. Dit was die onmiskenbare teken dat die tyd aangebreek het vir hulle om suidwaarts te gaan.

Soos gewoonlik het hulle kort voor hul vertrek eers gehoor wat hul bestemmings was. Dit was Danger self wat hulle *gebrief* het. Nege pelotons, sowat 200 man, sou Suidwes-Afrika infiltreer. Sewe van dié pelotons, sowat 150 man, sou op die plaasgebiede van Tsumeb, Grootfontein, Otavi, Kombat, Outjo en Kamanjab afpyl. Hulle was die sogenaamde Oosgroep.

Hul opdrag was om wit boere te vermoor, landmyne te lê, kragpale en spoorlyne op te blaas, plaaswinkels te beroof en selfs dorpe aan te val, politieke pamflette te versprei en 'n netwerk van kontakte te stig vir toekomstige infiltrasies.

Ndowishi se peloton se doelwitte was Tsintsabis en Grootfontein. Kaunda sou sy peloton na Tsumeb, Kombat en Otavi lei. Die ander bevelvoerders vir die beplande operasies in die Driehoek van die Dood was Nangobe, Castro, Kayofa, Kalulu en Shikongo. Riglyne vir die tydsduur van die guerrillaoperasies was eenvoudig: Voer 'n maand lank fisieke aanvalle uit of totdat jul ammunisie opraak. Gaan daarna ondergronds.

Dis nou dié wat nog leef en nie terug oor die Angolese grens moes vlug nie …

Vroeg in April het twee harde slae teen die ysterstaaf op die koppie aan die noordelike kant van die basis die koms van die konvooi Russiese Ural-vragmotors op die grondpad vanaf Lubango aangekondig. Maar eers is daar parade gehou.

Sam Nujoma self het Volcano toe gekom om op die verhoog langs Danger plaas te neem en die guerrillas toe te spreek – amper 'n herhaling van hul ontmoeting voor die Van der Mescht-ontvoering jare gelede. So ook Martin Shalli, PLAN se senior stafoffisier. Die toesprake was vurig, gelaai met die retoriek van revolusie en bevryding. "1982 is die jaar van SWAPO," het hulle gehoor. "Julle gaan veg totdat die gebiede waarin julle opereer vry is. Maak dood die Boere!"

Daarna het die Oosgroep op die Urals geklim en al singende die basis verlaat op die eerste skof van hul reis, noordoos na Tetchamutete, verby die starende oë en uitgestrekte arms van die glimmende wit Christusbeeld op die berg bo Lubango. Weg van die plek wat 'n eeu gelede deur die Dorslandtrekkers gevestig is en waarheen hulle teruggekeer het nadat die Ovambo's 'n gewelddadige einde gemaak het aan hul kortstondige Boererepubliek naby Grootfontein.

Agter hulle was Volcano leeg, afgesien van Danger en sy klein senior leiersgroep en administratiewe personeel. Die basis het sy nut gehad en sou elders heen skuif.

By Tetchamutete het die infiltrasiepelotons afgeklim. Die maklike deel van hul tog suidwaarts was verby. Hulle het 'n blaaskans gevat, rantsoene gekry ... en begin stap, al was die grens van Suidwes nog 370 km weg. Die rede? Operasie Protea, net die vorige jaar, toe 61 Meg onder aanvoering van Roland de Vries 'n breë strook van Angola van alle Angolese en SWAPO-magte skoongevee het.

Die dae toe die Urals die guerrillas reg op die grens kon gaan aflaai, was verby. Die gebied tussen Techamutete en die grens het 'n doodsakker geword vir PLAN-vegters, waar hulle gejag kon word nog lank voordat hulle Suidwes binnegaan.

Maar die 150 stuks man, swaar gelaai met landmyne,

TNT-blokke, geweergranate, RPG-vuurpyle en ander wapens en toerusting, het die grens sonder voorval op 8 of 9 April bereik en uitmekaargespat voordat hulle Suidwes binnegegaan het, elke peloton op pad na sy eie teikengebied. Tussen hulle en Tsumeb was daar nog 240 km se voetslaan en drie gepatrolleerde kaplyne – van noord na suid Charlie, Alpha en Bravo.

Twee van daardie groepe – dié onder bevel van Kayofa en Kalulu – se sending was baie anders as die ander vyf pelotons s'n. Vir hul opdrag was hulle spesiaal toegerus met ekstra RPG7's, SKS-geweergranate en Strela-lugafweermissiele.

Waar infiltrasiespanne gewoonlik direkte konfrontasie met die veiligheidsmagte in Suidwes vermy het, sou Kayofa en Kalulu dit najaag. Dis 'n sending wat hulle met dodelike doeltreffendheid sou uitvoer – een wat skokgolwe deur die Driehoek van die Dood en 61 Meg sou stuur.

Swapo se infiltrasieroetes in April 1982

11 Die tarentaal skree

Vroeg in April 1982 was Roland 'n onrustige man.

Op die oog af het hy egter nie rede daartoe gehad nie, want die vorige jaar se infiltrasie het immers op 'n SWAPO-selfmoordsending uitgeloop. Die kombinasie van 61 Meg se slaankrag en die Tsumeb-boere se spoorsnyspanne was dodelik doeltreffend.

Die gesamentlike operasies tussen 61 en die kommando het die band tussen dié eenheid en Tsumeb in 'n baie spesiale een omskep. In die eerste plek het die dorpenaars en plaasgesinne baie veiliger gevoel met 61 se honderde goed opgeleide troepe en Ratel-vegvoertuie op Omuthyia, minder as 100 km met die teerpad langs van die dorp af.

En omdat 61 se senior leiersgroep en hul gesinne in Tsumeb se boomryke strate gewoon het, het hulle deel van die dorpsgemeenskap geword. Tsumeb en 61 se welvaart was vervleg. Die vriendskapsbande wat só gevorm is, was van onskatbare waarde vir die militêre samewerking tussen 61 en die kommando wanneer daar geveg moes word.

Die eenheid se teenwoordigheid het natuurlik ook vir die dorp ekonomiese voordele gebring. Die senior offisiere en hul gesinne het al die gewone leefstylbehoeftes gehad:

kos, klere, skole, vermaak. In 61 se hoofkwartier in een van die oudste huise op die dorp is vroue van Tsumeb in diens geneem om troepebetalings te doen en ander administratiewe en personeelwerk te verrig.

Verreweg die meeste van 61 se byna duisend diensplichtiges – junior offisiere, onderoffisiere en troepe – was natuurlik op Omuthiya gebaseer en het maar selde op Tsumeb gekom. Maar van Omuthiya se vars kos is in die Tsumeb-omgewing aangekoop. En soms is die troepe vir 'n paar uur op georganiseerde uitstappies deur die dorp geneem. Die hotelkroeg, drankwinkels en enige deel van die dorp behalwe die hoofstraat was verbode, maar jy kon darem jou Croxley-skryfpapier en tandepasta en stortplakkies koop, of in die Weyand-broers se koffiewinkel halfpad tussen die ou myntoring en die Duitse koloniale kerkie die weelde van 'n hamburger en tjips gaan beleef.

Wanneer 61 sy tuiste verlaat het om FAPLA en SWAPO binne Angola te gaan aanval, het Roland en sy senior leiersgroep die gemoedsrus gehad dat hul gesinne veilig in die hart van Tsumeb se gemeenskap was, dat die gemeenskap se gebede "húlle bataljon" vergesel en dat hulle hartlik terugverwelkom sou word.

Dit was op talle vlakke 'n unieke verhouding tussen 'n Suid-Afrikaanse vegeenheid en 'n burgerlike gemeenskap in 'n oorlogsgebied – een wat die vorige jaar groot vrugte afgewerp het.

Maar Roland was onrustig.

Dalk was dit deels sy geaardheid. Hy was net eenvoudig nie iemand wat kon stilsit nie. Elke moontlike uur van die dag het hy aan sy twee groot passies bestee: die kuns van oorlogvoering en die studie van mense.

As bevelvoerder het hy te midde van die daaglikse roetine op Omuthyia nuwe maniere gesoek om homself en die mense onder sy bevel uit te daag om inisiatief te gebruik en te behou, om op hul voete te dink en die onverwagse te doen. Vegprosedures en taktiek is eindeloos hersien en verbeter om die beste te maak van 61 se unieke eienskappe. Logistieke stelsels is gestroomlyn sodat die eenheid blitsig in die Driehoek van die Dood of in Angola ontplooi kon word.

As mens het hy inspirasie geput uit die werk van Rudyard Kipling en as professionele soldaat het hy sy begrip van guerrillaoorlogvoering verbeter deur Mao Zedong te lees – dieselfde Mao wie se revolusionêre beginsels die grondslag vir die jaarlikse SWAPO-infiltrasies gelê het.

Rolspel, dikwels met 'n humoristiese inslag, was een van sy geliefkoosde leermetodes. As kind het hy soldaat gespeel en sy slaapkamer gereedgemaak vir inspeksies ter voorbereiding van die dag dat hy sy droom sou uitleef. Tydens sy opleiding as jong infanterieoffisier het hy uitgeblink as leier van die "terroriste" wat die konvensionele magte moes ontwyk. Op Omuthyia het hy soms 'n dag lank rolle met een van sy ondergeskiktes geruil. Hy het graag op 'n kampstoel tussen die jong troepies se tente gaan sit en dan taktiek met hulle gesels, want hy het geglo jy kan iets leer by enigiemand.

Vinnig dink en beweeg op die slagveld? 'n Maniese speletjie met glase in die offisierskroeg is net die ding daarvoor.

Om 'n kampvuur sal hy jou ure aanmekaar vertel van die lewenslesse én militêre lesse wat hy geleer het by Tsumeb se vegtende boere en die ou Duitse veterane in die Minen se kroeg.

En by 61 is daar altyd geoefen vir oorlog, dikwels met skerp ammunisie. Gemeganiseerde aanvalle met Ratels, aanvalle te voet, hoe om vyandelike loopgrawe "skoon te maak", aanvalle met artillerieondersteuning ... Operasie Protea het gewys hoe waardevol al hierdie rolspel en oorlogspeletjies op die slagveld kon wees.

Waarom was Roland dus vroeg in April 1982 steeds onrustig?

Omdat hy, nes die boere, geweet het daar sou binnekort weer met SWAPO slaags geraak word. En ten spyte van die vorige jaar se sukses was hy om twee redes bekommerd.

Rede 1 het gegaan oor inisiatief. Inisiatief het die hart van sy filosofie oor oorlogvoering uitgemaak. En nes die vorige jaar moes hy sit en wag vir die vyand totdat hul spore oor die Bravo-kaplyn lê, kon hy nie sy instink volg en hulle gaan soek en vernietig voordat hulle tussen die plase inbeweeg het nie.

Rede 2 het gegaan oor sy geloof dat 'n mens van die voorpunt af moet lei – nes hy gedoen het toe hy die laaste infiltreerder van die vorige jaar self gaan doodskiet het.

Maar 61 Meg, nes alle ander militêre eenhede in die Driehoek van die Dood, was onder bevel van Sektor 30 van die Suidwes-Afrika Gebiedsmag – Suidwes se inheemse eweknie van die Suid-Afrikaanse Leër. Sektor 30 se hoofkwartier was in Otjiwarongo, 200 km suid van die Bravo-kaplyn en Omuthiya ... en suid van Tsumeb, Grootfontein en Otavi.

Roland sou moes wag op Otjiwarongo om hom en sy troepe op die vyand los te laat. Omuthiya was baie naby aan die kaplyn en so te sê reg op die infiltrasieroetes, maar hy moes wag om vanuit die agterste geledere gelei te word.

Ook die plaaskommando's was nie te gelukkig hieroor

nie. Hulle, hul plase en gesinne het hulle in die voorste linie bevind en hulle het die vorige jaar, toe teeninsurgensie-operasies in die Driehoek tydelik onder Roland se oorkoepelende bevel geplaas is, gesien hoe vinnig 61 kán optree. Maar daarna is oorhoofse bevel terugverplaas na Sektor 30 se hoofkwartier.

Die plaaspelotons het maar min manne gehad en geen vegvoertuie van hul eie nie, net 'n klompie Buffels. Soms het die kommandolede sommer hul eie plaasbakkies en Land Rovers gebruik. Hulle het daarvan gehou om "Ouboet 61" in beheer te hê wanneer SWAPO kom. En teen middel April was dit duidelik SWAPO was reeds op pad.

Die spore van 'n groep van 150 infiltreerders is op 10 April by Nkongo gewaar – nie ver suid van die Angolese grens nie, maar nog noord van die Bravo-kaplyn en Tsumeb. 'n Opvolgoperasie is begin, maar in dié ylbewoonde gebied is hul spore gou weer verloor. Roland het op Otjiwarongo gewag om die teeninsurgensieplan, Operasie Awake, te aktiveer. Maar Otjiwarongo was stil.

Net die volgende dag, op 11 April, het 'n Buffel 'n landmyn afgetrap op die Charlie-kaplyn, 30 km noord van Tsintsabis, nader aan Bravo. En steeds was Otjiwarongo stil.

Waar was die infiltreerders en wat was hul plan? Sou dit 'n blote kykweer van 1981 wees – of het SWAPO geleer uit sy groot nederlaag en sy taktiek aangepas?

Roland en sy leiersgroep het aangehou om so goed moontlik te beplan vir wat ook al sou kom. 61 Meg was reg om te ry.

Maar steeds moes hulle wag.

Die gebied noord van die Bravo-kaplyn, waar daar teen middel April laas van hierdie nuwe groep infiltreerders gehoor is, het ook onder Sektor 30 se oorkoepelende bevel geval, maar buite die Tsumeb-kommando se verantwoordelikheidsgebied gelê. Soos Roland kon Lukas Nel-hulle ook maar net sit en wag vir die opdrag om Operasie Awake te aktiveer.

Maar van Otjiwarongo se kant af was daar net stilswye.

Roland het besluit om die inisiatief te steel. Hy sou Alpha-kompanie van 61 Meg, onder aanvoering van kaptein Jan Malan en gesteun deur 'n tenkafweer-peloton, na die gebied onmiddellik noord van Tsintsabis stuur – dus tussen Bravo en die Charlie-kaplyn, waar daar laas tekens van die infiltreerders gesien is. Die kompanie was groentjies in die operasionele gebied en moes vertroud gemaak word met die terrein en die taktiek van teeninsurgensie-oorlogvoering. Amptelik sou hulle vir opleiding noord van die kaplyn ontplooi word. Maar dit het ook beteken hulle sou met hul 14 Ratels en sowat 150 infanteriste, asook die vier tenkafweer-Ratels, reeds daar wees om die Noordgrens-kompanie, te help veg wanneer die bom bars.

Otjiwarongo het dié wending goedgekeur, maar steeds nie verdere optrede gelas nie. Luitenant Daan Liebenberg, bevelvoerder van die Noordgrens-kompanie, wat by Tsintsabis ontplooi was met die voltydse taak om die kaplyn te vee, was in die wolke oor die ekstra spierkrag.

Roland het egter onrustig gebly.

Toe kom 14 April.

Omuthiya was dié aand amper leeg. Die honderde jong dienspligtiges is met vragmotors Tsumeb toe gekarwei, waar hulle in eenderse bruin rye die saal van die Hoërskool Etosha gevul het. 61 Meg se senior offisiere en hul gesinne was ook daar, asook dorpenaars. 'n Besoekende vermaaklikheidsgroep uit Suid-Afrika het vir hulle konsert kom hou. 'n "Moraal-*booster*" vir die *boys* oppie *Border*.

Teen hierdie tyd het Roland reeds 61 se volwaardige hoofkwartier permanent na Omuthiya verskuif, maar 'n tweede, kleiner hoofkwartier op Tsumeb behou sodat hy sonder versuim beheer kon neem in krisistye. Buite die Tsumeb-hoofkwartier en binne maklike loopafstand van die skoolsaal het die 18 Ratels van Jan Malan se Alpha-kompanie en die tenkafweer-peloton gestaan – propvol diesel, ammunisie, water en rantsoene, die troepe se persoonlike *kits* ingepak. Gevegsgereed. "Opgebom" in die taal van gemeganiseerde soldate.

Die plan was dat Alpha-kompanie eers die konsert sou geniet en dan direk van die skoolsaal af na die gebied noord van die Bravo-kaplyn beweeg om op die tradisionele infiltrasieroete te gaan hurk.

Net ingeval, want Otjiwarongo was nog stil.

Die guerrillas het in twee groepe deur die bos beweeg, in 'n uitgestrekte linie oor 'n front byna 2 km lank. Kalulu se peloton aan die regterflank, Kayofa s'n aan die linkerflank.

Êrens, verder wes, het die pelotons van Ndowishi, Kaunda en Shikongo ook deur die bos beweeg, altyd verder suid, na waar die liggies van Tsumeb, Otavi, Grootfontein en Otjiwarongo skepe in die donker oseaan van die bos was. Hulle het nog ver gehad om te stap.

Maar Kalula en Kayofa se groepe, saam sowat 40 man sterk, het skielik ophou vorentoe beweeg. Hul verkenners het kom rapporteer daar is 'n plaasdraad voor. En anderkant die draad 'n gladde sandpad. En dan nog 'n draad.

Dalk kon hulle die rooi liggie hoog bo-op die radiomas van Tsintsabis se polisiestasie in die verte sien. Kalula en Kayofa het hul doelwit bereik. Dit was tyd om die plan uit te voer wat Danger Ashipala daar in die Volcano-basis naby Lubango bedink het. Danger, soos Roland, was 'n man wat in inisiatief geglo het.

Op Tsumeb is daar konsert gehou, want die tarentaal het nog nie geskree nie.

Niemand onthou meer wat op die verhoog aan die gang was nie. Die liedjies wat gesing is en die danspassies wat uitgevoer is deur mans met *cheesecutters* en vroue in kuise, Alabama-agtige rompe en frilletjiesbloese is lankal vergete.

Maar Roland onthou die tyd: Dit was omtrent 20:30 toe die troepie van die HK af die skoolsaal binnegekom het. Hy moet kom.

In die radiokamer het Daan Liebenberg, leier van die onderbemande Noordgrens-kompanie, se stem uit die groen handstuk gekom: Daar is vars spore in Bravo se sand. Bliksems baie spore. Verder weet hy nog niks.

Roland is op 'n drafstap terug skoolsaal toe. Sorrie, *kill* die konsert. Laat sak die gordyn. Die *terrs* is "in".

Op die verhoog het die klanke van kitaar en trom en klavier doodgebloei terwyl die dansers, verstar in 'n oomblik van drama sonder choreografie, onbegrypend toegekyk het hoe die bruin gety uit die saal spoel.

Noord van die kaplyn het Kayofa en Kalulu afstande met hul stewels afgetree en hul pelotons gewys waar om in die sand in te grawe. Die RPG7-spanne hiér, dáár die manne met die SKS-geweergranate; die AK47-skutters hier, hier, hier en hier. Uitgrawings soos vlak grafte, net so 'n hand diep vir elkeen om op sy maag te lê, en skouerbreedte. Sowat 70 m terug, agter die RPG's en geweergranate en skutters, die mortierstelling, met nog 'n stuk of tien guerrillas om hulle te beskerm. En hier, die span met die lanseerbuis vir die Strela-lugafweermissiele.

Op Tsumeb het verskeie dinge vinnig en gelyk gebeur. Die eenheid het dagin en daguit geoefen vir hierdie oomblik en elkeen het presies geweet wat van hom verwag word. Met enkele bevele het die 61-oorlogsmasjien van luierspoed tot in die hoogste rat versnel.

Binne minute het Jan Malan se 18 Ratels die gruispad na Tsintsabis en die kaplyn, 64 km noord van Tsumeb, opgevreet, die konvooi se ligte dofgeel in die stof.

Die res van 61 se troepe is op die vragmotors terug na Omuthiya om hul eie Ratels op te saal vir die jag. Die artilleriste sou dadelik twee-twee op die plase afgelaai word om die boeregesinne te help beskerm.

Intussen het Roland op die radio na Otjiwarongo geklim om Sektor 30 te laat weet: "Laat daai tarentaal skree. Ek vat beheer vir eers. Laat my so gou moontlik weet wie gaan eintlik in bevel wees."

Otjiwarongo het nooit laat weet wie's in bevel nie, Roland het dus maar in bevel gebly.

En soos altyd wou hy van die voorpunt af lei. Die stof van Jan Malan-hulle het nog in die lug gehang toe Roland en sy klein stafgroep in hul eie drie Ratels agterna is om 'n taktiese HK by Tsintsabis te gaan stig, waar die aksie in daardie stadium sou plaasvind. Saam met hom was 61 se kapelaan. Intussen het die radiotentakels vanaf die Tsumeb-HK deur die naglug uitgereik na die plaashuise en ander eenhede in die Driehoek – die kommando's, SWASPES, die polisie, die lugmag – om almal te waarsku. En te vra: Wat weet julle, wat hoor julle?

Van regoor Suidwes en ook uit Suid-Afrika het bykomende eenhede op Tsumeb begin afpyl om 61 en die Tsumeb-kommando by te staan. Die dorpslughawe sou die besige hart van dié reuseteeninsurgensie-operasie word. Binne 'n dag sou die aantal soldate en polisie in die Driehoek tot 3 000 man vermeerder, met lugsteun deur Alouette-*gunships*, Puma-helikopters vir reaksiespanne en ligte vliegtuie vir verkenningswerk.

Negentig minute nadat die konsertgroep se gehoor verdamp het, was hulle op Tsintsabis, waar die kapelaan vir eers geestelike dinge vergeet het en besig was om inligtingskaarte op te stel.

Twee Alouette-*gunships* en twee Pumas sou die volgende oggend op Roland se versoek Tsintsabis toe kletter om daar op bystand te wees.

Maar Roland was nog onrustig.

Twee dinge was van die uiterste belang in hierdie soort oorlog: kommunikasie en inligting. Wat kommunikasie betref, het hy alreeds die inisiatief gesteel. Niemand was beter met die radio's as Pompie nie. Die leër het streng reëls gehad as dit kom by die oproep van burgerlikes om deel te word van militêre operasies – en sy was 'n kommando-vrywilliger, nie 'n 61-lid nie. Amptelike toestemming moes verkry word; die aantal dae diens en betaling is streng beheer.

Soos dikwels tevore – ook wanneer 61 in Angola bedrywig was – het Roland die reëls gesystap ter wille van gemoedsrus. Pompie was reeds "opgeroep" en voltyds op die lug.

Maar hy het inligting nodig gehad, en gou ook. Hoeveel van die vyand was daar? Waar was hulle? Wat was hul plan?

Die antwoorde het in die spore gelê en hy het hom gewend tot die man wat hy die meeste vertrou het om dit vir hom te gaan ontsluit.

Dit was Pompie self – wie anders? – wat sy oproep beantwoord het. Hy kon haar voor sy geestesoog op haar pos in Koedoesvlei se kombuis sien, in een van die geblomde rokke waarin sy soms bedags in die swemdam geklim het om af te koel.

"Pompie, ek het Daantjie nodig vir die spore op Bravo."

"Dis reg, Kommandant, ek sê hom."

Koedoesvlei was nie ver nie, net so 30 km weg. Dit het letterlik gevoel soos minute later, skryf Roland in sy herinneringe, toe Daantjie, Hendrik, Jan Kaka en twee van Daantjie se ander Boesman-spoorsnyers – een was Eddie; die ander se naam is nou vergete – hul opwagting in Daantjie se oop Land Rover gemaak het.

Jan se Alpha-kompanie was reeds ontplooi as 'n stoppergroep noord van die Bravo-kaplyn.

In die geprakseerde HK op Tsintsabis was daar daardie nag geen rus nie. Elke krummeltjie beskikbare inligting is weer en weer herkou en rigting op kaarte *geplot* om te probeer aflei waar die guerrillas is en waarheen hulle gaan. Radioberigte het in- en uitgestroom om te verseker alles is gereed vir wanneer die infiltreerders hul volgende skuif maak. Die net was gespan.

Maar Roland was onrustig.

Iets was nie lekker nie. Nommer 1: Die aantal spore oor die kaplyn – op minstens vier verskillende plekke – het daarop gedui dat dit grootste infiltrasie ooit in die Driehoek was. Nommer 2: Daar is blykbaar nie moeite gedoen om die spore te versteek nie. Hoekom nie? Het SWAPO 'n nuwe wedstrydplan vir die Winterspele van '82 gehad?

Kaart van die hinderlaagtoneel (gebaseer op 'n skets van kapt. Jan Malan)

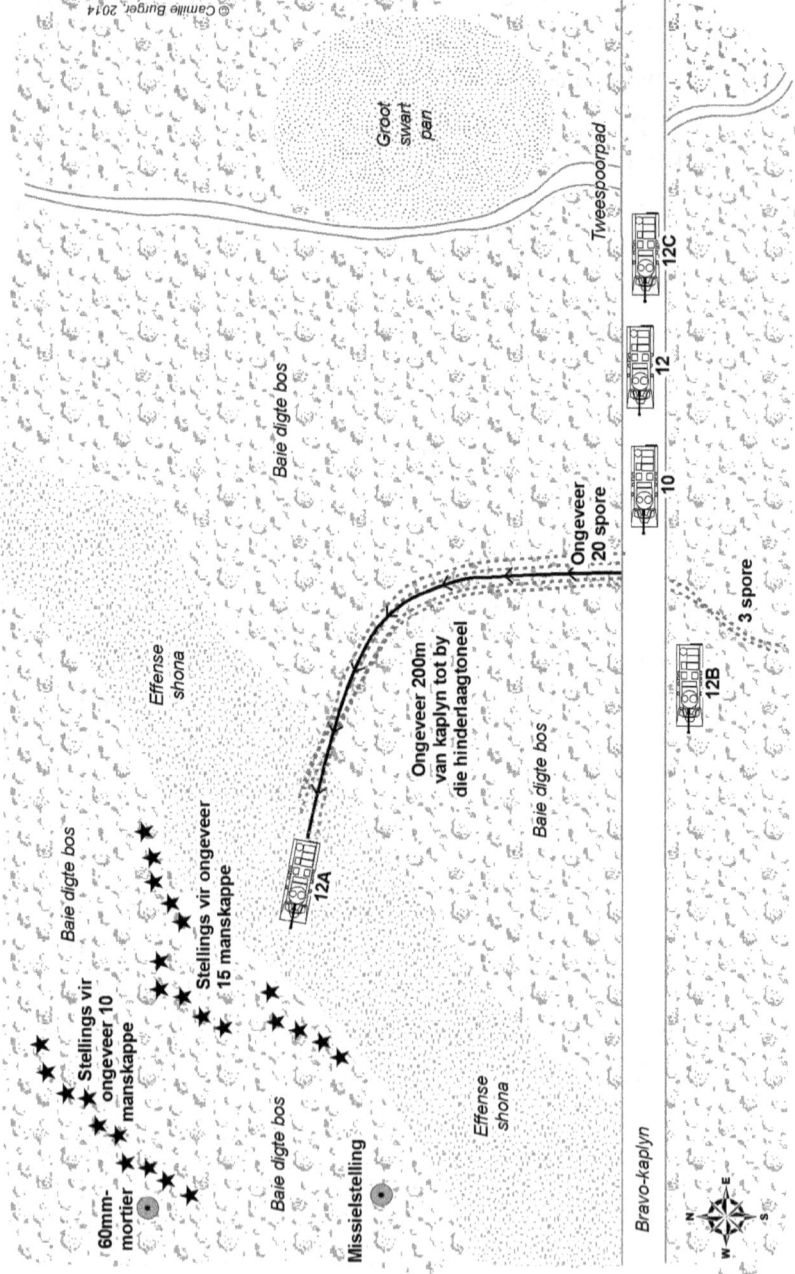

© Camille Burger, 2014

Groot swart pan

Tweespoorpad

Baie digte bos

12C

12

10

Ongeveer 20 spore

Effense shona

Ongeveer 200m van kaplyn tot by die hinderlaagtoneel

3 spore

12B

12A

Baie digte bos

Stellings vir ongeveer 15 manskappe

Baie digte bos

Stellings vir ongeveer 10 manskappe

Baie digte bos

60mm-mortier

Missielstelling

Effense shona

Baie digte bos

Bravo-kaplyn

N S E W

12 Vuur en bloed op Bravo

"You must not fight too often with one enemy, or you
will teach him all your art of war."
– NAPOLEON BONAPARTE

Die son het bedrieglik mooi en vreedsaam sy kop uit
die bos gelig en toe die wêreld in vuur en bloed gebaai.
Dit was Donderdag 15 April.

*Die guerrillas het in die voordag se grou begin roer in hul
vlak loopgrawe, eintlik net holtes wat in die sand geskraap is.
Gedempte stemme, hul eienaars onsigbaar in die bos afgesien
van die paar makkers naaste aan hulle. Die geluid van mans
wat urineer in die gras; iemand saag girts-garts 'n blik vis oop.*

*Die pelotonleiers Kayofa en Kalulu hou kajuitraad en bekyk
die vorige nag se werk. Die 40 man is in 'n amperse L-vorm
ingegrawe om 'n kleinerige oop kol in die bos. Skootsvakke vir
die ligte masjiengewere is uitgewys, die RPG's goed geplaas
waar takke nie die vlug van die plofkoppe sou belemmer nie,
en niemand is in gevaar weens die lang vlamme wat agter by
die lanseerbuise sou uitskiet nie. Verder agtertoe is die mortier-
en lugafweerspanne.*

Ja, dis hoe hulle dit by Danger se kaarttafel in die opelug-
bunker op Volcano uitgewerk het. Die doodsakker is gereed.
Hulle het die Ratels in die nag gehoor, naby. Nou wag ons.

Op Koedoesvlei was Pompie reeds agter die radio's, die
klank hard gedraai. Die vorige nag het sy die oorfone lank
genoeg afgehaal om Daantjie se staaltrommel vir die bos te
pak. G'n mens het mos geweet hoe lank dit nou weer gaan
aanhou nie. Skoon uniforms, iets warms om saans te dra,
ekstra sigarette, 'n bottel ingelegde vye. Hy het so gehou
van sy soetdingetjie. Sy Bybel. En 'n bottel whisky. Pompie
het nie daarvan gehou dat hy drink nie; sy het 'n hekel aan
drank gehad. Maar wanneer Daantjie bos toe moes gaan,
het sy die whisky woordeloos ingepak.

Hulle het altyd White Horse in die bos gedrink, sou die
bebaarde Izak Visser, wat saam met Hendrik en Daantjie in
die kommando was, later vertel. Kaalvoet Izak, het hulle
hom genoem, want vir die swaar *bootse* was hy nie lief
nie. En wanneer hulle 'n whisky of twee gedrink het ná 'n
lang, warm dag op die spoor, het die kampvuur sommer
hoog gebrand, want die boere was nie bang nie.

Die pak van Daantjie se trommel was die laaste
huishoudelike takie wat Pompie sou verrig totdat die
laaste insypelaar dood, gevang of terug in Angola was. Van
nou af was dit net radio's, dag en nag. Dit het Olivia, wat
intussen van die buurplaas af gekom het met klein Louis
en Marlize, maar te goed geweet. Sy het sonder ophef en
met geoefende geduld die huishoudelike take oorgeneem.

Mannetjies was hierdie keer nie op die plaas nie. Hy
was baie verder noord, by Ruacana. In die artillerie, trots
dat hy nou soos sy pa en swaer uniform kon dra. Riana,
nou 11, was ook nie op Koedoesvlei nie. Sy was nog op

die dorp, sou die aand soos gewoonlik in die koshuis slaap en die volgende middag – Vrydag – plaas toe kom vir die naweek.

In Tsintsabis het Roland met die koms van die nuwe dag die kronkels van onheil in sy maag voel kriewel. En dit was skaars 06:00, toe kom die eerste slag. Een van 61 se artillerie-Ratels het net suid van die Oshivelo-hek gerol; een troep is dood. 'n Padongeluk in 'n oorlog, ver van die huis af. Wat kan sinneloser wees?

Skaars drie uur later, 09:00, nog 'n skok. En hierdie keer was dit g'n ongeluk nie. Een van die Noordgrens-kompanie se patrollies het op spore op die Bravo-kaplyn afgekom, sowat 30 kilometer wes van Tsintsabis. Een van die soldate het op 'n personeelmyn getrap wat doelbewus op die spoor geplant is.

Op sy eie is 'n personeelmyn kragtig genoeg om 'n voet of been tot by die knie af te ruk. Dis ontwerp om te vermink eerder as om op slag te dood – 'n walglike wapen geliefd onder guerrillas oral omdat hulle goedkoop en maklik is om te gebruik, en boonop lig genoeg is om oor lang afstande gedra te word.

SWAPO was geen uitsondering nie. Hy het landmyne geplant nie net vir sy agtervolgers nie, maar ook op Suidwes se baie grondpaaie wat deur ongepantserde burgerlike voertuie gebruik is.

Maar hierdie myn was boonop gekoppel aan 'n 82 mm-mortierbom wat onder hom begrawe was. Die gesamentlike, veel kragtiger ontploffing het nie net die man gedood wat dit afgetrap het nie, maar ook agt van sy makkers beseer.

En al teken van die vyand was vier stelle ouerige spore in die sand. Dit was 'n vuishou in die maag vir die klein bevelsgroep in die sinkgeboutjie in Tsintsabis, waar die helikopters pas kom nesmaak het. Liewe Here, kom daar darem goeie nuus ook?

Maar die ergste houe sou nog val.

Roland se behoefte aan behoorlike inligting het al hoe dringender geword. Hy het Jan Malan opdrag gegee om Daantjie, sy skoonseun en hul drie Boesman-spoorsnyers op te laai en dan met een van sy gemeganiseerde pelotons na die naaste stel spore op Bravo te gaan, sowat 15 km wes van Tsintsabis, sodat hulle kon gaan kyk wat aangaan.

Die 150 stuks groentjies van Alpha-kompanie het 'n moeilike nag agter die rug gehad. Min van hulle was spyt dat die konsert in Tsumeb onderbreek is. Hulle was jonk, fiks, ver van die huis en tot barstens toe vol hormone. Hulle het 'n sterk behoefte gehad aan vroulike vermaak van 'n wulpser aard as wat die SAW-vermaaklikheidsgroep kon opdis. Hulle wou die lemoen van die lewe suig.

Deur die lang, stikdonker nag het hulle net noord van Bravo op hul mae in die bos gelê, onsigbare makkers links en regs, R4-gewere in hul hande vasgeklem. En geluister. Geluister vir 'n droë takkie wat onder 'n stewel kraak, gras wat ritsel, 'n doring wat 'n kamoefleerbroek skeur, die klang-klang van metaal teen metaal. Die bos was vol spoke. Hulle was bly toe die dag kom en hulle kon beweeg.

Jan Malan het Peloton 2 van Alpha-kompanie gekies om na die spore toe te gaan. Daar is vier Ratels in 'n gemeganiseerde peloton: een vir elk van die drie infanterieseksies van tien man elk, plus die pelotonbevelvoerder se Ratel. Jan, die kompaniebevelvoerder, was in sy eie Ratel – in hierdie geval dus vyf voertuie.

Dit was Jan se eerste kennismaking met Daantjie, Hendrik en hul span. Die onverskrokke, taaie Hendrik, wat deur skoonsus Riana "die Grensvegter" gedoop is na die Afrikaanse fotoboekieheld van die era, het aan Jan vertel watter voorreg dit was om saam met 'n skerp eenheid soos 61 te werk.

Roland het hulle gemaan om versigtig te wees. "Iets is nie lekker nie, manne."

Hulle het weswaarts gery, die spoorsnyers op die neuse van die Ratels, hul oë op die grond, op soek na die stewelspore met die kenmerkende chevron-patroon. In Koedoesvlei se kombuis het Pompie, met albei haar ore op die grond, soos altyd 'n nota gemaak van die roepsein waarmee haar man en skoonseun beweeg. Net sodat sy elke nou en dan kan seker maak hulle is nog oukei.

Toe is hulle by die spore. Hulle sou blind moes wees om dit mis te kyk, want oral het velle wit papier rondgelê. Jan het die bevel gegee om te halt en hulle is te voet nader. Dit was propagandapamflette, van die soort wat SWAPO tydens infiltrasies saamdra om onder die plaaslike bevolking te versprei.

Hulle kon nog nie die Ratels sien uit hul stellings nie. Maar hulle kon die stofstert hoog bo die doringbos dophou, die sugtende dreunsang van die enjins hoor nader kom. En toe stop hulle, reg waar hulle moes. Die handteken is van man tot man aangestuur: Maak gereed!

Só sien jy 'n man se spoor is vars: Wanneer hy trap en sy voet oplig om die volgende tree te gee, sif 'n baie fyn lagie sand van sy stewel se sool af neer op die soolafdruk wat hy pas gelaat het. En 'n vars spoor is 'n volledige spoor, van die punt van die toon tot by die ronding van die hak. Dis 'n "lang" spoor.

Maar hoe ouer die spoor is, hoe meer sand waai daaroor. Selfs die ligste briesie sal die sandjies oorwaai. En soos die sandlagie oor die spoor dikker word, so word dele van die stewelafdruk weggekalwe. Die spoor word "korter". Hierdie spore was volgens die Boesmans twaalf uur oud.

Hulle het in verskillende rigtings begin soek. Een het die versteen en na 'n plek gewys waar die sand versteur was. Landmyn. Jan het die plek gemerk sodat die *sappers*, die genietroepe, dit later kon lig.

Kyk, hier het drie Swapo's suid geloop. Waar die plase is.

En op die noordelike skouer van die padlyn, waar die groen muur van die bos begin, was daar vlak loopgrawe. Vir baie meer as drie mense. Asof die *terrs* hulle daar wou ingrawe vir die nag, maar versteur is en haastig moes padgee.

Waarheen?

Noordwaarts, het 20 spore die antwoord geskree. Waar Angola is.

Hoekom noord? Die plase is dan suid.

Jan en Daantjie het beraadslaag. Hulle het vermoed die *terrs* het noord geloop om agtervolgers te mislei en sou êrens terugdraai suide toe om die kaplyn op 'n ander plek oor te steek. Die spoorsnyers sou in 'n wye sirkel soek om te kyk waar die twee stelle spore heengaan, of hulle elders weer bymekaarkom.

Jan het Roland oor die radio ingelig en hy het die plan goedgekeur. Wees net katvoet.

Een van die Alpha-kompanie se seksies en een spoorsnyer – vermoedelik Jan Kaka se ouer broer, bekend as "Ou Jan" – sou met hul Ratel die "klein spoor" suidwaarts ongeveer 200 m ver volg. Nog 'n seksie sou die "groot spoor" wat noordwaarts loop 200 m ver volg om te kyk of hulle nie terugdraai nie.

Die Ratel wat noordwaarts sou gaan, was 12A, met sy volle seksie van tien man, plus die drywer en *gunner* agter die 20 mm-snelvuurkanon. En die Tsumeb-kommando se legendariese spoorsnyspan: Daantjie, Hendrik, Jan Kaka en Eddie.

Jan en die ander seksies het op die kaplyn gewag. Die ruie bos het 12A (die roepsein vir Alpha-kompanie, Peloton 2, Seksie 1) byna dadelik ingesluk, het hy later in sy skriftelike verslag vertel.

Die oomblik toe hulle van die kaplyn afdraai, was daar geen pad nie, maar 12A het nie een nodig gehad nie. Die 6x6-aangedrewe Ratels was geliefd onder hul bemannings vir hul vermoë om met brute krag 'n pad deur die bos oop te breek. 61 was die koning van *bundu bashing*. Tydens Operasie Daisy die vorige jaar het die konvooi Ratels 'n afstand verder as Johannesburg na Kaapstad deur die Angolese bos gebreek sonder dat die groot wiele een keer pad geproe het.

Hulle kon die Ratel hoor nader beur soos 'n brullende, woedende oermonster, takke wat breek voor die bonkige metaalsnoet en onder die wiele, met 'n geluid soos die knal van geweerskote, die turbo-dieselenjin in hul mae voel vibreer.

AK47's, landmyne – en RPG's. Die onheilige troika van guerrillaoorlogvoering wêreldwyd. Soos die AK is die RPG7-vuurpyllanseerder ouer as 'n halfeeu en primitief, gemeet aan die jongste Westerse wapenstelsels. Maar dis eenvoudig om te onderhou en te gebruik met die minimum opleiding, gehard en uiters verwoestend.

Die vuurpyl se groot plofkop slaan 'n gat in enige gepantserde voertuig en omskep die binnekant in 'n hel van witwarm, vlieënde koperskrapnel. Die krag en hitte van die ontploffing verteer die lug in die romp en in jou longe. Wat RPG's doen aan mense wat binne 'n staalkis vasgevang is, is onbeskryflik.

Dis tyd. Die Boere kom. Vandag hardloop ons nie. Wag, wag vir die teken.

Verskillende mense het verskillende idees oor wie waar was toe 12A uit die bos kom en die oop kol binnegaan. Party sê Jan Kaka was op die grond voor die Ratel, op die spoor. Ander sê nee, dit was ou Eddie – Eddie met sy asvaal hare. Daantjie-hulle het hom altyd geterg en gesê hy slaap te naby aan die vuur. Nóg ander vertel nee, niemand was op die grond nie, want die spoor was mos duidelik oud. Jan Kaka was op die neus van die Ratel, ou Eddie op die spaarwiel wat bo-op die romp lê.

Oor een ding stem almal saam: Tweede luitenant Daantjie van der Westhuizen, soldaat en boer en pa, was in die voertuigbevelvoerder se toring. Uit die toring het dié veteraan van vier kontakte in die Driehoek, waarin 18 Swapo's gedood is, die beste uitsig oor die terrein om hulle gehad. En op die neus van die Ratel, naby genoeg om aan te vat, was skutter Hendrik Visser, sy skoonseun en pa van sy kleinkinders. Aan sy sy, soos in al daardie vorige doodsdanse met SWAPO.

Dit was amper 11:00.

Op Koedoesvlei het Olivia die wasgoed buite die kombuis opgehang en die jong troepie probeer ignoreer wat agter haar aangetou het. Haar ma was wie-weet-waar in daardie wêreld in haar ore, haar groot vingers dartelend soos vlinders oor die knoppies. Sy was soos 'n skilder met die radio's, het Roland altyd vertel.

Die Ratel was in die middel van die oop kol, amper óp hulle waar hulle in die bos gelê het. Twintig meter, 15 meter ...

Was daar 'n millisekonde, 'n onmeetbare klein splinter van tyd, toe die heelal verstar het in die Tsumeb-manne se koppe met die besef dat hulle geflous is?

Party vertel Jan Kaka, of was dit nou Eddie, het die vars urine van 'n mens gesien. Ander vertel nee, dis Jan, Daantjie se gunsteling, wat 'n glimp van 'n gesig of 'n kamoefleeruniform onder 'n bos gewaar het.

Toe kom Danger se vulkaan tot uitbarsting.

Op die kaplyn het dit vir Jan Malan gevoel of 12A net oomblikke buite sig was toe die ontploffings die stilte aan flarde ruk, onmiddellik gevolg deur die maniese geknetter van outomatiese geweervuur. Hy het dadelik geweet dis nie die Ratel se 20 mm-kanon of sý troepe wat skiet nie.

In 12A het die poorte van die hel grynsend oopgebars. Een RPG-vuurpyl het die Ratel se enjinblok binnegedring en die metaaldier sidderend in sy spore gestuit. Die ander RPG's en SKS-tenkgranate het binne 'n skerf van 'n sekonde deur die romp geskeur, sewe altesaam.

Wie het hoe gesterf? Gesels jy vandag met die veterane van Tsumeb en 61 Meg, hoor jy verskillende weergawes. Daantjie is glo dadelik dood en het neergesak in die toring, binne-in die Ratel. Sommige vertel die sterke Hendrik, wat in daardie eerste oomblikke net gewond of dalk nog ongeskonde was, het sy skoonpa uit die Ratel probeer kry voordat hy self gesterf het.

Aan Olivia is later vertel haar man en pa het nie gely nie. Maar nóg later het sy gehoor Hendrik het gebrand binne-in die Ratel nadat hy Daantjie probeer uitkry het. Sy onthou sy was woedend omdat sy gevoel het die kapelaan was nie eerlik met haar nie.

Jan Kaka, stem almal saam, is verteer deur die haelstorm van AK47-koeëls wat op die Ratel losgelaat is. Sy lyk is op die grond gekry.

In en om die Ratel was ook die jong 61 Meg-troepe dood, sterwend of gewond. Party is gedood deur die skrapnel van die RPG's en SKS-granate. Ander, wat bo-op die romp gesit het, is deur die geweld van die ontploffings deur die lug geslinger en het in die oop kol op die grond geval, waar die AK47-koeëls hulle genadeloos agtervolg het.

Jan Malan het sy oorblywende twee seksies in 'n gevegsformasie ontplooi en die plek genader waar die dik bolle rook bo die bos uitgekrul het. Hy het 12A op sy radio geroep terwyl hulle vorentoe beweeg het so vinnig as wat die grypende kloue van die haak-en-steek-bos hulle toelaat. Hulle kon nie skiet nie, want hul makkers was êrens voor hulle. Hy het geroep en geroep, maar niemand het geantwoord nie.

Toe roep hy vir Roland.

In Koedoesvlei se kombuis het Pompie vooroor geleun, asof sy in die radio's probeer klim om beter te hoor.

In Tsintsabis, om 11:00, het die nuus van Bravo af Roland se sintuie soos 'n skokgranaat getref. "Go, go, go!" het hy aan die bemannings van die Alouette-gunships geskree en binne oomblikke het die skroeflemme begin draai.

In die bos noord van die kaplyn het Jan Malan gesien

hoe twee seinfakkels helder strepe deur die swart rook maak ... en skielik was dit stil.

Die guerrillas het ophou skiet en agteruit begin wriemel uit hul stellings uit toe hulle Kayofa en Kalulu se seinfakkels sien. Hulle het gekom om 'n Ratel dood te maak, nie om hier te sterf nie. Die helikopters sou gou kom. Hulle het volgens die goed geoefende plan uitmekaargespat en in groepies van twee en drie begin vlug. Terug na Angola, mission accomplished.

Jan het hulle op presies dieselfde oomblik gesien: die brandende Ratel en twee troepe wat na hom toe hardloop in 12A se wielspore, bebloed en in diepe skok. "Ons het reg in die *ambush* ingery, Kaptein. Baie is dood."

Hy het sy twee seksies verdedigende posisies voor die Ratel laat inneem, maar daar was geen teken van die vyand meer nie. Net die verlate loopgrawe en AK47-doppies in die sand, so naby aan die karkas van 12A, so naby.

Jan het by die oop deure van die brandende Ratel ingekyk. Niemand daar binne het gelewe nie. Toe begin die ammunisie binne-in die Ratel, volledig opgebom, ontplof. Die swaar dakluike, nege van hulle, is die lug in geslinger en Jan-hulle moes retireer.

Dit het die Alouettes skaars tien minute geneem om die hinderlaagtoneel te bereik. Jan het aan hulle die rigting verskaf waarin die guerrillas gevlug het en toe na 12A se manne gegaan waar hulle om die Ratel op die grond gelê het, een vir een. Dié wat nie dood was nie, was gewond.

Hy het Jan Kaka se lyk gesien, maar Daantjie en Hendrik was nie buite nie.

Sy peloton-*medic* en helpers het die gewondes na 'n veiliger plek gedra, weg van die brandende Ratel af. Die

Puma-helikopters het hulle kom haal – die gewondes en die dooies saam – reguit na Grootfontein, om na Suid-Afrika geneem te word. Dieselfde Grootfontein waar hulle as nuwe aankomelinge op die grens die eerste keer geland het.

Uit die noordweste het die kenmerkende keelskoon-maakgeluide van die helikopters se 20 mm-kanonne begin opklink. Jan het opgekyk en gesien hoe die Alouettes oor die bos sirkel soos haaie om hul prooi terwyl die vlugingenieurs op die vlugtende guerrillas onder hulle skiet. 'n Swart rookstreep – 'n Strela-lugafweermissiel – het van die grond af na een van die helikopters toe gegryp, maar dit was mis.

Jan moes nou begin met die onvermydelike taak om die inligting oor die hinderlaag aan 61 se HK deur te stuur: die waar, die wanneer, eie magte, die aard en getalle van vyand. Die hóé. Die name en nommers van die dooies en gewondes. 'n Lang, neerdrukkende taak wat alle bevelvoerders hoop hulle nooit sal hoef uit te voer nie.

Saam met Daantjie en Hendrik en Jan Kaka was daar agt dooies in en om die Ratel.

Maar die lug was druk besig, 'n miernes van radio-aktiwiteit. Of dalk was dit maar net die gewone faktore tipies aan Suidwes wat dikwels radioseine beduiwel het: atmosferiese lae en hoë grond. Hoe dit ook al sy, hy het gesukkel om kontak te maak met 61 se HK. Toe, skielik, kom 'n vrouestem kristalhelder deur, rustig en bedaard. "Kan ek iets vir jou deurgee, Kaptein?"

En sy hét. Elke naam, rang en magsnommer het sy in haar netjiese handskrif in haar seinboek neergeskryf om deur te gee aan die HK.

By die wasgoedlyn buite die kombuis kon Olivia hoor daar is iets ernstigs aan die gang. Maar 'n mens het nie sulke tye met haar ma gepraat nie; sy was besig om langs ander paaie te swerf. Jy het net 'n afjak as antwoord gekry. Sy het gehoor haar ma vra elke nou en dan of sy met Daantjie of Hendrik kan praat, maar in haar rustige, bedaarde stem. En dan word daar weer inligting afgeneem.

By die brandende Ratel het Jan deurgedruk met die name, maar die laaste drie name het hy so lank moontlik teruggehou.

Maar Pompie wou nou wéét. By die wasgoedlyn het Olivia 'n ander toon in haar ma se stem hoor inkruip toe sy sê: "Is Daantjie en Hendrik lewend of dood?" En toe, ná 'n kort, loodswaar stilte: "Toemaar, Kaptein, ek het al die tyd geweet."

Dis tóé dat Olivia, die een wat altyd sterk was, flou neergesak het.

In Tsintsabis het Roland se hart gebreek vir sy troepe en sy vriende van Koedoesvlei, waar hy baiekeer ingeval het vir koffie as hy in die kontrei was. Maar in haar donkerste uur het Pompie tot sý redding gekom. Die sein tussen Roland en die *gunships* het gelol en weer was dit Pompie wat die herleiwerk tydens die opvolgkontak gedoen het.

"Sy was yster," onthou Roland haar radiowerk daardie dag. "Sterling." Soos altyd gretig en trots om van nut te kan wees.

Die name van die dooies en gewondes wat sy in haar seinboek neergeskryf het, het sy een vir een aan die HK voorgelees. Ook Daantjie en Hendrik en Jan Kaka s'n.

Toe daar 'n blaaskans in Pompie se lugoorlog was, het die kapelaan wat Roland op die ingewing van die oomblik saam met hom na Tsintsabis geneem het, haar oor die radio beraad.

"Maar toe kon ek hoor Pompie is nou óp."

Roland het sy hande volgehad met die bloedige skaakspel van aksie en reaksie, die wesentlike aard van teeninsurgensie-oorlogvoering. Tyd vir stilstaan en rou was daar nie nou nie, maar daar was een ding wat hy vir Pompie en Olivia kon doen.

Een van die Puma-helikopters het nog buite die sinkgeboutjie op Tsinsabis gehurk met sy skroeflemme wat hangskouers maak. Roland het 61 se kapelaan op die Puma gesit en Koedoesvlei toe gestuur om ma en dogter te gaan bystaan.

Naby Bravo het Jan Malan en sy peloton die gebied opgeruim waar die *gunships* op die vlugtende guerrillas geskiet het. Daar was drie lyke in die bos, het Jan gerapporteer. Hy het 'n kompas op een van die dooies gekry – duidelik 'n seksieleier. Ook die lanseerbuis vir die Strela-lugafweermissiele het hy in die bos gekry.

In die verloop van hierdie apokaliptiese uur het Kaalvoet Izak, waar hy op 'n ander opvolgoperasie besig was, gehoor van die hinderlaag waarin sy mede-kommandolede was. Hy het sonder toestemming in sy Land Rover geklim en Bravo toe gery. Maar die vuur in die Ratel, gevoed deur die rubber van die groot wiele en die diesel en smere en olies en verf, het steeds gewoed. Hy het langs die romp gelê en geroep, maar geen antwoord gekry nie. Daardie nag het hy naby die Ratel in die veld geslaap, vertel Izak, en die metaalromp het gegloei soos die rooi hart van 'n vulkaan.

Daantjie, Hendrik en die dienspligtiges kon nie uit die Ratel gehaal word nie. Hulle het die begrafnis van Wiking-krygers gekry. Dit sou drie dae wees voordat die wrak genoeg afgekoel het om na Tsumeb geneem te word.

Die *sappers* het later agt landmyne op die hinderlaagtoneel opgespoor en gelig.

Die twee plaaskommando-manne se name sou mettertyd op die swart granietnaald in die hart van Omuthiya uitgekerf word, saam met Alpha-kompanie se gesneuweldes: korporaal M.J. van Jaarsveld, onderkorporaal J.J. van den Berg en skutters M. Peterson, J.H. Potgieter, B.J. Wolfaardt.

Maar dit was dinge vir later.

Êrens suid van die hinderlaag op Bravo het die SWAPO-pelotons onder leiding van Nangobe, Castro, Kilimandjaro, Ndowishi, Kaunda en Shikongo steeds deur die bos beweeg, op pad na hul afsonderlike doelwitte wes en oos van Tsumeb. Die hinderlaag op die kaplyn het vir hulle kosbare tyd gekoop om die Driehoek van die Dood feitlik onverstoord dieper binne te dring.

Boesmanland se grond sou nóg lewensbloed drink voordat Typhoon uitgewoed was.

13 Die swart wolk

Sy onthou die afstand van die studiesaal na die koshuisvader se kantoor, so min of meer 100 m. Hulle het in stilte geloop en sy het gewonder wat sy nou weer aangejaag het. Die kantoor se gaasdeur was toe, maar die deur-deur was oop. Toe hulle by die gaasdeur kom, hou Meneer (wat was sy naam nou weer?) dit vir haar oop en sê: "Riana, nou moet jy sterk wees."

Toe gaan staan sy botstil en vra: "Is Hendrik dood?" En Meneer sê: "Jy moet sterk wees." Hulle gaan in en sy sien die twee vroue wat met strak gesigte wag en die vrees is dik in haar keel. "Is Hendrik dood?"

Dit was tannie Joey, oom Lukas Nel (hoof van die kommando) se vrou, en tannie Pop, oom Chris Ers (die baas van die kommando-seiners) se vrou. Hulle sê: "Kom sit, ons bring slegte tyding," en sy gaan sit en vra: "Is Hendrik dood?" en hulle sê: "Ja, Hendrik is dood." "Jou pa is ook dood," hoor sy hulle sê, en die aarde het stilgestaan en dit was Donderdag 15 April, êrens ná twee, en sy was 12 en in die koshuis.

Deur die swart wolk hoor sy tannie Pop vra: "Jou broer?" maar Riana vra: "Waar's my ma-hulle?" en die tannie sê: "Jou ma-hulle kom in dorp toe, maar ons soek jou broer."

Hulle gaan in die swart wolk na tannie Pop se huis en dié bel die basis op Ruacana: "Sit Mannetjies op vanmiddag se Flossie na Grootfontein." En sy praat met Mannetjies en sê: "Jou pa en Hendrik is dood," en hy sê: "Moenie sulke kak grappe maak nie," maar sy sê: "Dis waar." En hulle ry Grootfontein toe en hy's nie daar nie, toe't hy al geland en Tsumeb toe *gehike* en hy wag verwese voor tannie Pop se huis. Sy sal nooit vergeet hoe hy gelyk het nie: Hy hou haar hekkie vas en hy's so verskriklik vaal.

Dit was dalk twee uur later – sy weet nie – toe haar ma en suster en die kinders van die plaas af kom met die konvooi, en hulle was ook in die swart wolk en almal was hartseer. En al die dorpsmense het gekom en almal wou alles weet en koerante het gekom en wou alles weet en sy het eenkant gesit en luister hoe hulle dieselfde stories oor en oor vertel.

Intussen het Smittie van die koerant 'n *aerial* foto van die plaas gaan opsit en haar ma-hulle was bekommerd: "Nou moet ons teruggaan plaas toe, want hulle weet presies hoe ons opstal uit die lug lyk en nou's daar nie 'n pa nie. As óns koerante kan kry, kan SWAPO ook," en dit was Donderdag en toe was dit Vrydag, en daai naweek is in 'n waas verby en toe was dit Maandag en Dinsdag was die begrafnisse.

14 Taai soos kameeldoringbome

Doodsmaskers word op die gesigte van die lewendes gedra. 'n Mens noem dit droefheid. En die gesig van droefheid was oral in die Driehoek van die Dood te sien.

In oom Lukas Nel se geheue was 'n prentjie van 50 000 wit kruise in 'n verre woestyn ingebrand. In sy nagmerries het sy Liberator se bomme weer ondertoe getuimel deur die naglug en het hy gesien hoe geboue soos rooi blomme oopvou en menslike stuifmeel uitspoeg. Dít was oorlog, het hy altyd verklaar. Hierdie ding met die *terrs* is sommer kinderspeletjies.

Ná April 1982 was daar geen sprake van kinderspeletjies meer nie.

Dit was nie sý vriende en medeboere in daardie myle en myle grafte in die Libiese woestyn nie. In Noord-Afrika en Europa het hulle vir die avontuur geveg, het Lukas later vertel.

"Maar hier moes jy jou eie mense beskerm; hulle was jóú verantwoordelikheid. Ons was heeltyd in die spervuur."

Dit was sý manne in daardie Ratel op Bravo. Daantjie, wat daardie dag in 1975 die heel eerste was wat aangesluit het toe Lukas vrywilligers vir die kommando gevra het. En sy vuurvreter-skoonseun, Hendrik. Saam met Jan Kaka was hulle onder sy heel bestes, dié drie.

"Dit was verskriklik, die ding met Daantjie-hulle. Als hartseergoeters. Dit was 'n klomp hartseergoeters, man."

Dit was die grootste slag ooit vir Lukas en die kommando wat gegroei het uit die skietklub wat hy dekades gelede sommer vir die sports gestig het. Maar daar was nie nou tyd vir behoorlik rou nie.

Van die 42 guerrillas wat die hinderlaag op Bravo gelê het, was almal – behalwe die drie wat deur die *gunships* uitgehaal is – op pad terug Angola toe. Hulle was nie meer Lukas se probleem nie.

Maar die ander 105, wat verder wes oor die kaplyn is, was tussen die plase in, tussen Lukas se mense in. Hulle moes gekry en vernietig word. Spoorsnyers was nodig om 61 Meg se troepe en die valskermsoldate en ander reaksiespanne na hul prooi te lei. Manne soos Dave Keyser en Reinhard Friederich en Kaalvoet Izak, die vegtende boere van Tsumeb.

Oor die radio was Pompie se stem stil, haar loopgraaf in Koedoesvlei se kombuis leeg. Sy, Olivia, Mannetjies en Riana het op die dorp gebly by Hendrik se ma, Sannie, elkeen in hul eie wolk van hartseer gehul. Ousus Retha het gekom en die dorpsmense ook, 'n stroom van hulle in en uit. En tannie Kobie, vrou van oom Bol Steyn. "Ek kan nie dink hoe verskriklik dit vir julle moet wees nie," het tannie Kobie nog vir Riana gesê. Dis woorde wat na Riana sou terugkom.

In 'n vergeelde uitknipsel uit die *Otjikoto Journal* van dié tyd staar Olivia strak na die kamera, klein Louis en Marlize in haar arms. Links bo in die hoek van die bladsy glimlag 'n lewenskragtige Hendrik, sy gesig op sy sterk arm gestut en sy kaal bolyf bruingebrand.

Ook vir Roland en 61 was daar nie tyd vir rou nie. Op dag 2, die dag ná die hinderlaag, was Otjiwarongo weer vaag oor wie oorkoepelend in bevel sou wees van Operasie Yahoo, die amptelike naam vir '82 se Winterspele. Roland het dus maar aanhou beheer vat. Hy en sy bevelsgroep het die sinkgeboutjie op Tsintsabis ontruim en is terug na Tsumeb, waar die dorpslughawe oornag 'n miernes van skarrelende bruin uniforms en draaiende skroeflemme geword het.

In die oop kol in die bos net noord van Bravo se kaplyn het 12A nog gelê, die metaalromp steeds skroeiwarm.

Jan Malan en sy troepe van Alpha-kompanie is dadelik weer in die veld gestoot, want Roland het geglo hulle moenie stilsit en wroeg oor wat gebeur het nie. Een ding was seker: Niemand sou hulle ooit weer groentjies noem nie.

Die inisiatief was nog steeds aan die guerrillas se kant. Op dag 2 is 'n Ovambo-plaaswerker noord van Tsintsabis vermoor, moontlik deur lede van die hinderlaaggroep op pad terug na Angola. Dieselfde dag is skutter J.D.G. du Toit van 61 Meg in 'n kontak met die insurgente doodgeskiet.

Maar meer en meer troepe en helikopters het by die jag aangesluit om die infiltreerders ruimte te ontneem waarin hulle vryelik kon beweeg. Die dagligure, van 06:00 tot 18:00, is gebruik om die Driehoek te fynkam, bewapen met die kommando se kennis van die terrein en waterpunte en enige ander tuisgrondvoordeel. Inligtingskaarte is al om die minuut met elke krummeltjie inligting bygewerk. Die nagure, van 18:00 tot 06:00, is gebruik om te evalueer en te *war game* en te beplan vir die volgende dag.

Die taktiek was eenvoudig: Hou die druk vol, hou hulle aan die beweeg, moet hulle nie 'n ruskans gee nie totdat hulle knak, versplinter, *bombshell*. Maak dan skoon. *Zero tolerance*.

Roland reken dit was dag 3, 17 April, toe 'n kombinasie van inligting, stewels op die grond en oë in die lug uiteindelik die inisiatief uit Typhoon se hande begin losruk het. Die lus het stywer begin trek.

Maar eers sou Tsumeb nóg bloei.

Op 52 jaar was Dave Keyser nog fiks en sterk genoeg om met geweer, ammunisie en waterbottels voor op die spoor te hardloop met 'n seksie valskermsoldate die helfte jonger as hy op sleeptou. Dié dat hy wat Dave was, soos die meeste mense in die kontrei, die 67-jarige Louis Fourie as "oom" aangespreek het.

Oom Louis was 'n waardige figuur en gerespekteerde boer van die plaas Ruimte. Hy was stigterslid van Tsumeb se boerekomitee en het gedien in die landbou-kredietkomitee, padkomitee, bodembewaringskomitee en droogtekomitee.

Hy sal net gou die kort entjie met die grondpad van Ruimte se opstal na die werkers se huisies ry, het oom Louis besluit. Daar is plaaswerk waaroor gepraat moet word. En hy wil die werkers 'n bietjie uitvra. Wat praat die mense alles van die Swapo's, waar loop hulle, waar het hulle kos gevra en water gekry? Het julle iets gesien, iets gehoor?

Dit was die aand van 18 April, dag 4. Dave was in 61 se HK op Tsumeb, want daar was vyf besoekende generaals wat ingevlieg het om na inligtingskaarte te tuur en vrae te vra oor die hinderlaag op Bravo. Die romp van 12A het intussen genoeg afgekoel om na Tsumeb gekarwei te word, waar dit in een hoek van die vliegveld gelaat is. Dit was majoor Thys Rall, tweede-in-bevel van 61, wat saam met 'n paar *medics* die taak gepak om die Ratel binne skoon te maak.

Op Ruimte het ene korporaal Bester, 'n infanteris van Grahamstad wat daar plaasbeskerming moes doen, gereed-gemaak om saam te ry. Nes die drills *voorskryf. As die plaasbewoners buite die veiligheidsheining beweeg, dan gaan jy saam. Magasyn op, span die wapen, veiligheidsknip op.*

Soos altyd wanneer hy besig was met die infiltrasies, wou Dave nie hê sy vrou, Willa, moes alleen op hul plaas agterbly nie. Sy het ingekom dorp toe, waar hulle 'n woonstelletjie vir haar naby die kommando se kantoor gehuur het. Dit het hom gemoedsrus gegee en dit was makliker vir Willa, die redakteur van die *Otjiko Journal*, om haar stories oor die infiltrasies te doen. Dit was sý wat met Pompie en Olivia gepraat het ná hul mans se dood.

Op Ruimte het oom Louis agter die stuurwiel ingeskuif. Die drills *vir plaasbeskerming vereis dat die soldaat agter op die bakkie ry sodat hy die omgewing beter kan sien, meer vryheid van beweging het, sy geweer doeltreffender kan gebruik om terug te veg. Maar die korporaal het vermoedelik langs oom Louis gaan sit.*

Teen die winter van 1982 was Dave 'n veteraan van teeninsurgensie-operasies en 'n tweede luitenant in die plaaspeloton. Hy het die Driehoek soos die palm van sy hand geken. Waar die opstalle en werkershuisies en veeposte en hekke en grondpaaie was, waar jy die spore maklik lees en waar nie, waar die waterpunte was om die *terrs* voor te lê. Sy voete het die landskap opgevreet, keer op keer.

Hy sou nie lank wees nie, het oom Louis vir tannie Sientjie en hul dogters, Elsa en Gerda, gesê voordat hy en die korporaal gery het.

Dave het ook die boervroue opgelei om huis en haard te beskerm, wat hy met *war games* en loskruitpatrone gedoen het. "Kyk, as julle stop om die hek oop of toe te maak, moet een van julle uitklim en regstaan met die geweer, só." En: "Jy is in die opstal en jou man is by die veepos en hulle skiet op jou – wat maak jy nou?" "Jou man is gewond; kyk, daar lê hy – wat maak jy nou?"

Die terrs *was buite die veiligheidsheining, tussen Ruimte se opstal en die werkers se huisies.*

Dave het geen verbeeldingskrag nodig gehad om in sy binne-oog te sien wat volgende gebeur het nie. En hy kon hóór, daar waar hy in 61 se radiokamer staan en luister het nadat die seiner hom kom roep het.

Hulle was in die bos aan weerskante van die grondpad. Hulle het gewag tot die bakkie tussen hulle is en toe begin skiet met AK47's. En geskiet en geskiet. Hulle kon nie mis nie. Die bakkie het gestaak. Die korporaal het probeer terugveg, maar dit was gou verby.

Dis nie seker watter een van die dogters hulp ontbied het nie.

"Wie is die vrou? Watter plaas is dit?" wou Dave weet. "Sentrale, hou die lyn oop dat ek kan hoor wat gebeur."

Sit aan die alarm, het tannie Sientjie op pad na die deur vir een van die dogters gesê nadat hulle die bap-bap-bap-bap buite gehoor het. Naby. Sy het uitgestap na die veiligheidshek toe en begin skiet met die G3-geweer in die rigting waar sy geweet het Louis se bakkie was.

In die HK kon hulle alles hoor, vertel Dave. "Ons kan hoor hoe skiet sy. Ons kan hoor hoe gil die kinders. Jissie, man, ons hoor dit."

Sientjie kon nie die terroriste mooi sien nie. Sy het net gemik in die rigting waar sy gedink het hulle was en aangehou om die sneller te trek. Een van die dogters – was dit Elsa? – het geskree die army *sê hulle kom van Oshivelo af, hulle kom help. Die G3-geweer het net 'n klikgeluid gemaak toe sy weer die sneller trek. Leë magasyn af, vol magasyn op, span die geweer, druk die sneller, moenie trek nie. Tka, tka, tka! Die BLIKSEMS!*

In die radiokamer het Dave sy magtelose frustrasie op een van die generaals gerig wat langs hom kom staan het om te luister na die klank van skote wat uit die handstuk kom. "Generaal, wat gaan julle met ons maak?" het hy nog gevra. "Ons sal julle nooit los nie," het die generaal geantwoord. Ons sal julle nooit los nie.

Op die grondpad buite Ruimte se opstal en tussen die werkershuisies het die guerrillas die lyke van oom Louis en die korporaal uit die bakkie gesleep en weerskante van die pad op die grond gelos en ingeklim en gery, weg van die woedende koeëlreën af.

Dit was dag 4 en Daantjie en Hendrik en Jan Kaka was nog nie begrawe nie.

In die winter van 1982 was tannie Sientjie so 57, 58 jaar oud. In die *Otjikoto Journal* is sy kiertsregop, grys en waardig, met haar sewe glimlaggende kleinkinders aan haar voete. Die kinders was besig om te speel met die 47 patroondoppies wat hulle opgetel het waar Ouma staan en skiet het, lees die onderskrif deur Dave se Willa. "Mev. Fourie en haar kinders bedank almal wat in hierdie tyd van beproewing hul simpatie betoon het deur te skakel of hulle te besoek," eindig die berig oor Louis Fourie se dood.

Hulle was taai soos die kameeldoringbome van hul geliefde Suidwesterlied, hierdie mans en vroue van die Driehoek.

Louis Fourie se dood, so kort ná die verlies van Daantjie en Hendrik en Jan Kaka en sy eie troepe, was vir hom nóg 'n harde slag, skryf Roland in sy herinneringe. Tsumeb was "61 Meg se dorp, hulle was óns mense".

Hy het verantwoordelik gevoel vir die veiligheid van die gemeenskap en het selde van inligtingskaarte en radio's in die operasiekamer gewyk. Wanneer hy onthou het om huis toe te gaan vir 'n haastige bad, het hy op die toilet gesit terwyl die water inloop, met die plastiekwasgoedmandjie as 'n lessenaar, om die jongste inligtingsverslae uit die veld te ontleed. Reaksie, teenreaksie, wurgaksie, maar waar is die *tipping point*, die plek en oomblik wat die nekslagaar sal blootlê?

Êrens in die samevloei van dag en nag en adrenalien en verdriet – dae wat vir Dave met treë in die bos afgemeet is eerder as in minute en ure – het die dood ook skalks na hóm gekyk. Roland onthou dit as dieselfde dag waarop Louis Fourie-hulle doodgeskiet is. Maar Dave is nie seker nie. Dit was omtrent 'n week ná Daantjie-hulle, reken hy.

Hy was op bystand op die lughawe toe die sein kom: "Daar's drie *terrs* op die plaas Otjiguinas, daar net anderkant die Otjikotomeer." 'n Puma-helikopter het hom en 'n SWASPES-outjie met 'n spoorsnyhond en 'n seksie *parabats* ingesluk en haastig op die plaas gaan uitspoeg.

Dave dog nog by homself: *Maar ons is mos nou op die verkeerde plaas; dis nie Otjiguinas hierdie nie, dis Toevlug.* Maar toe hy die Boesmanwerkers se lyftaal sien, wéét hy hulle is waar hulle móét wees, Otjiguinas ofte nie. Hy roep na die Boesmans en een kom aangehardloop en wys vir Dave af, af met sy hand, en hulle hurk bymekaar, laag.

"Hier's die geld vir die lemoene wat die Swapo's by my gekoop het. Hulle's twee; wat moet ek daarmee maak?" vra die Boesman. "Nee, man, hou die geld maar vir jou of gee dit vir die polisie," antwoord Dave. "Waar is hulle heen?" En die Boesman wys dáár het hulle oor die draad geklim en toe's die *parabats* so gretig soos foksterriërtjies.

Die hond vat die spoor, maar die bos raak ruig en toe los die hond die spoor. Hy gaan staan sommer eenkant, maar Dave sien dit duidelik. Toe sien hy 'n lemoen lê en Dave lag, want daar's 'n gat in die sak lemoene, nes Hansie en Grietjie se spoor van broodkrummels, maar Dave is g'n voëltjie wat pik-pik in die stof nie.

En toe sien hy die plastiekwaterbottel in die mik van 'n boom en hy weet dis 'n *booby trap*, dis die dood daai, en hy skree vir die *bats*: "Scatter, scatter!" en storm vorentoe.

Agter die Boere lig die guerrilla die lanseerbuis van die RPG7 op sy skouer, die groot plofkop van die vuurpyl hemelwaarts gerig na waar die helikopter bo die groen dak van die bos sirkel. Hy vuur, maar die plofkop bars teen die takke en toe swaai een

*van die Boere om en sien hom, die MAG-masjiengeweer groot
in sy hande.*

Dave hoor die ontploffing en hy dog eers die outjie langs
hom trap 'n landmyn af en hy kyk, maar die outjie – hy
was Van Biljon – is oukei. Toe gebeur als gelyk. 'n Casspir
bars deur die bosse – dis Koevoet – en jaag op Dave af
en hy verstar en op daardie oomblik sien Van Biljon die
terr en skiet hom plat. Dave begin 'n brandpyn voel en
kyk om na die *bats* se korporaal en vra: "Jong, wat maak
julle outjies nou? Hulle het dan nou van agter in my
vasgeskiet." En Grobler kyk en lig sy hemp agter op en sê:
"Oom, dit lyk soos koeëlgate," en Dave kyk gou af na sy
maag en bors, maar daar is geen gate wat uitkom nie en hy
sê: "Man, ek makeer fokkol, daar's nog 'n *terr* en laat kom
my Boesmans om die spoor te help vat."

En toe's die Casspirs amper op Dave en Van Biljon
spring voor hulle in en wys "stop", en toe stop hulle
darem. Nou ja. Maar die Koevoete is die moer in, sê dit was
húlle *kills* wat die *army* nou kom bederf het.

Grobler laat 'n *casevac*-helikopter kom en Dave, sê weer:
"Man, ek makeer fokkol. Kyk, hier's niks wat voor by my
uitkom nie; dit was toe die skrapnel van die RPG. Toe's my
Boesmans ook daar, maar dis te laat, want almal het nou al
te veel spore getrap en daai laaste *terr* is weg."

Hy gaan na die *terr* wat op die grond lê. *Vandag wys ek
jou!* Maar die *terr* was toe klaar dood.

Hy kan nie mooi onthou in watter stadium hy die
stukke skrapnel in die kolf van sy R1-geweer raakgesien
het nie. Hulle het diep kepe in die harde bakeliet, soveel
harder as menslike vlees, gemaak en toe daar bly vassteek.
Sy geweerkolf was teen sy skouer …

Op Tsumeb geland, sien Dave twee *medics* wat met 'n draagbaar op hom wag, maar hy klim uit die *chopper* en stap verby en hulle kyk hom so met 'n houtoog. In die mediese pos lê hy op sy maag terwyl hulle die skrapnel van die RPG met *tweezers* uit sy lyf haal, maar hulle kon nie als uitkry nie.

Toe's sy hemp in repe en vol bloed, maar gelukkig het hy sy weermagtrui, wat hy altyd om sy middel knoop as hy op 'n spoor gaan hardloop – dis winter en dis koud snags en jy weet nooit waar jy gaan slaap daardie nag nie; jy slaap sommer langs die spoor wanneer dit donker word. Hy gooi die hemp weg en trek sy trui aan en stap na Roland toe in die HK en sê: "Ek's reg."

So taai soos 'n kameeldoringboom.

15 'n Helse dag

Maandag 19 April. Dag 5 was nog 'n swart dag vir Tsumeb.

In Tsumeb se ou begraafplaas waar die Duitse koloniale mynwerkers en *Schutztruppe* rus, was die aarde – die moeder – gereed om Daantjie en Hendrik die volgende dag te ontvang en teen haar bors te koester. Voor die dag om was, sou die Driehoek van die Dood nogmaals sy naam gestand doen.

Reinhard Friederich glo dis net deur die genade dat hy nie ook op dag 1 in die hinderlaag op Bravo omgekom het nie. Hy was in Swakopmund aan die kus, daar waar sy Duitse voorsaat van die skip af geklim en met die smalspoorlyn deur die Namib-woestyn na Tsumeb gekom het om die wildernis te kom tem. Was hy tuis op Choantsas, was hy heel moontlik ook saam met Jan Malan en sy 61-troepe op die kaplyn om die spore te ondersoek.

Maar ná die nuus oor die hinderlaag is hy terug Tsumeb toe. In Daantjie en Hendrik en Jan Kaka het die gemeenskap immers nie net vriende en medeboere verloor nie, maar ook goeie spoorsnyers. En goeie spoorsnyers was nou broodnodig. Drie of vier groepe insurgente was al diep die Driehoek in en daar moes stelselmatig na spore gesoek word. Waar is hulle presies? Waar gaan hulle heen? Het hulle intussen weer verder opgebreek?

Dit was omtrent 09:00 op dag 5.

Reinhard was op die spoor, een van sy plaaswerkers links en een regs van hom, nes hy hulle geleer het. Dit was sy filosofie dat hy en die Boesmangesinne op sy plaas Choantsas saam in die ding was. Anders kon hulle maar net sowel hul goed pak en waai, die Friederichse en die Haikum, en die plaas aan die Swapo's oorlaat.

Net voordat hulle die spoor gevat het, het hy hulle in hul eie taal gemaan om te kyk vir landmyne wat die guerrillas dalk vir hul agtervolgers gelaat het. Landmyne is die sluimerende dood wat in die grond skuil en wag vir niksvermoedende voete en voertuigwiele om hul demoniese vernietigingskrag los te laat. 'n Uur, 'n dag, 'n maand, 'n jaar … dit maak geen verskil nie.

Agter hulle was 'n peloton Ratels, die dienspligtiges soos dikwels byna 30 jaar jonger as die kommando-man wat op die spoor hardloop. Die spoor het hulle gelei oor die plaas Platsak, 'n buurplaas van Koedoesvlei nagenoeg 35 km wes van Tsintsabis.

Die POM-Z-myn is 'n pootjiemyn, wat basies beteken die myn gaan af as jou voet teen 'n toujie haak, wat dan die slagpen uittrek. Die skrapnel vlieg sywaarts deur die lug in alle rigtings. Dis 'n gunsteling van guerrillas wêreldwyd, want dit weeg net 2,3 kilogram en is op 'n skerpgemaakte houtpen gemonteer, sodat dit in die grond langs 'n voetpaadjie of spoor gedruk kan word. Die toutjie word dan oor die voetpaadjie gespan en so goed moontlik versteek.

Spoorsny gaan alles oor waarnemingsvermoë, vertel Reinhard altyd. Om dadelik iets raak te sien wat nie natuurlik is nie. En hy sou die toutjie selfs in die ruie bos gesien het, sweer hy, as dit nie soos die rank van 'n plant gelyk het nie. Die toutjie was nie styf gespan nie, want ook SWAPO weet niks in die natuur het reguit lyne nie.

Hy het nooit die ontploffing gehoor nie. Hy het nog so gehardloop, toe lê hy op die grond en sien sy voet lê langs sy kop.

"Ha-ta-ta-ta!" het Dave sy ongeloof in die kenmerkende taal van die kontrei uitgedruk toe hy die nuus oor Reinhard hoor.

Een van die Pumas op Tsumeb se lughawe het sy hangskouers gelig en klein geword in die rigting van die horison.

In die bos was Reinhard by sy bewussyn. Die man wat ure kon peins oor die tonnelvernuf van 'n mier – *weet jy, hulle gaan tot 40 meter onder die grond* – het êrens diep binne-in hom 'n plekkie gekry om die paniek weg te bêre. Hy het begin waarneem. En dink. "Bly weg van my af," het hy vir die troepe gesê. "Hier kan nog myne wees. Maak eers veilig voor julle my help."

Albei die Boesmans het gewond langs hom op die grond gelê; een se been was af.

Reinhard het besef hy't nog albei sy bene. Die rede hoekom sy voet langs sy kop was, was omdat sy been sleg gebreek en gedraai was. Hy het sy groot lyf soos 'n gekweste krap oor die grond geskuifel totdat sy voet en die res van hom min of meer in lyn was.

Reinhard het nog iets waargeneem: *Ek bloei sterk. Waar is die helikopter? Hy moet baie gou kom; ek word swakker.*

Rassie Erasmus se plaas Vaalwater was net suid van die kaplyn en Tsintsabis. Hy was in sy jonger dae een van die staatmakers van die dorp se rugbyklub – die klub wat oom Lukas gestig het – en 'n rugbyskeidsregter. Saam met die vermoorde oom Louis Fourie was hy een van die voorste boere van die distrik en hulle het saam in 'n komitee of wat gedien.

Vaalwater was een van Rassie se drie plase in die distrik en soos enige goeie boer wou hy in sulke tye sien wat op sy grond aangaan.

Namibië se paaie – hoofroetes ook, nie net plaaspaaie nie – is vandag steeds meestal grond of sand, nes die eertydse Suidwes s'n. Die mooiste grondpaaie wat jy jou kan indink. Elke reisiger in dié uitgestrekte en ylbewoonde land het al 'n geel padskraper verbygesteek wat aankruie na die horison, 'n karavaantjie op sleeptou. Die bestuurder skraap daglank totdat die son sak en net daar maak hy kamp vir die nag. Die volgende oggend begin hy weer skraap tot waar hy die aand kom. Soms tot twee weke aaneen om tussen die een dorp en die ander te skraap.

Suidwes se mooi grondpaaie was deel van die land se sjarme, maar ook 'n geskenk vir SWAPO. Sien, dis hel moeilik om 'n myn in 'n teerpad te plant ...

Die myn in die pad naby Vaalwater is heel moontlik al vyf of ses dae vantevore geplant toe die infiltreerders danksy die hinderlaag op Bravo ongestoord daar verby is op hul pad suidwaarts.

Roland het Vaalwater en sy base goed geken. Rassie se vrou, Ria, was een van die burgerlike vroue van die distrik wat in 61 se HK op Tsumeb gewerk het en Roland het soms by Vaalwater aangegaan vir koffie as hy in die kontrei was. Toe Roland hoor hy wil plaas toe, het hy hom gewaarsku om dit nie te doen nie. Maar Rassie het gery.

Hulle het hom gekry waar hy agter die stuurwiel sit terwyl die lewensbloed uit albei sy voete vloei. Dit was 11:00, op dag 5.

Rassie het lewend uitgekom by die hospitaal in Tsumeb, maar het op die operasietafel gesterf. Hy was 57 jaar oud. Roland, tot in sy wese geruk deur die duur prys wat Tsumeb in bloed betaal, kon Ria maar net magteloos probeer vertroos.

Bol Steyn het diep spore in sy gemeenskap getrap. Hy was sekretaris van die Namutoni-boerevereniging. Ouderling in sy kerk. En, soos baie ander boere in die Driehoek, ook soldaat. *Sersant* Bol Steyn, tweede-in-bevel van sy plaaspeloton.

Niemand onthou mooi hoe laat dit was nie. Maar dit was iewers in die oggend van dag 5 toe Bol na sy veepos op sy plaas, Manaus, 25 km wes van Tsumeb, gery het.

Bol was alleen in die stuurkajuit van sy bakkie. Die dienspligtige, een van twee wat op dag 1 by Manaus se opstal afgelaai is om plaasbeskerming te doen, het agter op die bakkie gestaan. Nes die *drills* voorskryf. Die *drills* vir plaasbeskerming was uitgestippel op velle getikte papier wat aan die jong soldate sowel as die boeregesinne oorhandig is. Daarin word die moets en moenies, die reëls van die Winterspele, aan die beskermers sowel as die beskermdes uitgespel.

Een van Bol se Boesmanwerkers was saam met die troepie agter op die bakkie. Dit het hul lewe gered.

Een storie wat later in die kontrei die rondte gedoen het, is dat die Boesman van agter op die bak die plek in die tweespoorpad gesien het waar die grond deur mensehande versteur was. Hy het op die dak van die stuurkajuit geslaan, lui die storie, en op Bol geskree om te stop. Maar Bol het aanhou ry. Die Boesman het toe glo op die laaste oomblik afgespring.

Niemand weet hoe waar dit is nie. Die algemeen aanvaarde weergawe is dat die troepie en die Boesman deur die ontploffing van die bak af geslinger is. Al twee is lig beseer.

Voertuigmyne is baie kragtiger as personeelmyne. Dis ontwerp om metaal en rubber uitmekaar te ruk. Dit vat ook meer gewig op die drukplaat om die myn te laat ontplof. As 'n voertuig se voorwiel oor die myn gaan, tref die volle geweld van die ontploffing die enjinkompartement en stuurkajuit. As dit nie 'n mynbestande voertuig is nie, het die insittendes geen kans nie.

Bol se bakkie was nie mynbestand nie.

Die gebied net noord van die Bravo-kaplyn, tussen die Driehoek van die Dood en die Angolese grens, was bekend as die Mangetti. Hier word die harde grond van die Tsumeb-Tsintsabis-distrik skielik sagte, wit sand. Die getande doringbos suid van Bravo maak plek vir die melankoliese silhoeëtte van makalanipalms.

Op 19 April, dag 5, het 'n landmyn in die Mangetti twee Ovambo-kinders, onderskeidelik vyf en sewe jaar oud, uit die lewe geruk. Hul name is vandag vergete.

Die jagters het dié dag ook hul *kills* gekry. Daar was sporadiese kontakte op die vorige dae, maar op dag 5 was dit anders.

Ses terroriste is binne 10 km van Tsumeb se dorpsgrense ingehaal. *Zero tolerance*. Vyf AK47's, 'n RPG7-lanseerbuis met ses plofkoppe, sewe landmyne, ses handgranate en 15 blokke TNT-plofstof is by die dooie terroriste gekry. Dalk was dít die *tipping point.*

En die net het stywer begin trek om die oorblywende infiltreerders.

'n Groep van 18 is naby die plaas Uitsig gewaar, op pad in die rigting van Otavi, suid van Tsumeb. Nog 'n groep van 15 het oor die plaas Grasvlakte beweeg, steeds verder suid, dieper die Driehoek in.

In 61 se taktiese HK by die lughawe is die groot militêre kaarte bygewerk. Spoorsnyers en reaksiespanne het nuwe bevele gekry. Radioberigte het van roepsein tot roepsein gevlieg.

Inligting. Oë in die lug. Stewels op die grond, sodat hulle altyd die jagters se warm asem in hul nekke voel. Breek hul moed. Krý hulle; vernietig hulle.

Vir Danger se manne het die Driehoek al hoe kleiner geword, die doringbos al hoe minder beskerming gebied, en Dood het sy sens geslyp.

Op Koedoesvlei was die radio's nog onbeman, Pompie se stem stil.

Reinhard het die helikopter deur die euforiese morfienwolk gehoor, gevoel hoe hy gelig en gedra word, hoe sy maag op die grond agterbly toe die Puma opwaarts beur en skerp suidwaarts kantel. En toe's dit donker.

Hy was dankbaar dat hy by sy bewussyn was toe dit saak gemaak het. Toe hy weer sy oë oopmaak, was hy in 'n bed en sy vrou, Yvonne, en die kinders langs hom. Sy was sterk soos altyd, hierdie vrou van hom, maar hy kon die skok op haar gesig sien. Hulle het hom nog nie skoongemaak nie, het sy later verduidelik. Haar man was bedek met 'n kors stof en bloed. Hy's op Grootfontein, het hy gehoor; die Flossie gaan hom enige oomblik Pretoria toe vat.

Hy het gesê wat gesê moes word: waar die sleutels vir wat is; so-en-so moet dit en dat doen op die plaas.

In die maag van die groot Amerikaans geboude vragvliegtuig het hy sy kop gedraai en die twee Boesmans gesien, nes hy op draagbare vasgegespe. "Is julle oukei?" het hy in die musikale kliktaal van die Haikum gevra. Toe's dit donker.

Op die landingstrook by die Lugmagbasis Waterkloof was hy weer by. Reinhard, groot soos 'n boom, het na die twee jong mediese ordonnanse met die draagbaar by die oopgebreekte stert van die vliegtuig gekyk en gesê: "Nee, julle gaan my laat val. Gaan haal twee mánne." En hulle het geluister.

Dit was 18:00, die aand van dag 5.

Die ambulansrit onthou hy as 'n pynhel. Met elke knik en slaggat in die pad was die skerp punt van die gebreekte been 'n meslem in sy vlees.

By 1 Militêre Hospitaal in Voortrekkerhoogte, waar 'n jong, voortvarende Lukas Nel die dinge van soldaatwees geleer het in sy opmars na die slagvelde van die Tweede Wêreldoorlog, het die dokters dae lank gewik en geweeg of hulle gaan amputeer of nie. Albei Reinhard se bene was vol skrapnel. Nie al die metaalsplinters kon uitgehaal word nie.

Miskien was dit sy gesonde gestel, kliphard gebrei deur sy kinderdae saam met die Boesmans in die veld, of die lang dae van fisieke arbeid op die plaas. In 23 jaar van oorlog was dit feitlik ongehoord dat iemand 'n landmyn met sy voet aftrap en albei ledemate behou. Maar Reinhard het.

Sterk soos 'n kameeldoringboom.

Reinhard vertel, wanneer hy in sy hospitaalbed sy kop gedraai het, kon hy die top van 'n vlagpaal buite die venster sien. Op sy lang pad na herstel het hy, natuurmens, baie ure na daardie paal gekyk en gewag vir 'n voëltjie om daarop te land.

16 Die gety draai

Die hartseer het dik in die huis gehang, soos die misbank wat soggens van die koue Atlantiese Oseaan af kom en tussen die duine van die Namib en die son inskuif. Almal was hartseer; die mense wat medelye kom betoon het, was hartseer. En toe's dit oom Louis en oom Rassie en oom Bol en dis mos maar 'n klein boeregemeenskap: Almal ken almal en almal voel die pyn. Riana was die week voor die begrafnisse nie skool toe nie. In die newels van hartseer was sy bewus van kiste wat uitgesoek moes word ... die leër wil 'n militêre begrafnis gee ... en wat dan van Jan Kaka en wat gaan ons tog dra?

Dit was slegs die tweede militêre begrafnis in Tsumeb. Die eerste was in 1977, nog 'n slagoffer van die Bosoorlog. Volgens die *Otjikoto Journal* was daar sowat duisend mense by Daantjie en Hendrik se roudiens. Maar dis nie die mense wat die Gereformeerde kerk in ordelike en somber rye gevul het wat destyds in Riana se onthou vasgesteek het nie, nie oom Lukas in sy uniform wat praat oor die heldedood wat haar pa en swaer gesterf het, die hoogste offer wat hulle vir hul gesinne en gemeenskap gebring het nie.

Sy onthou die mense wat uit die geboue gekom het soos miere om langs die straat te staan en staar terwyl die twee kiste die kort afstand na die ou begraafplaas gedra word, asof hulle na 'n sirkusoptog kyk, 'n *show* – die orkes en die marsjerende kommandolede in hul uniforms en rooierige krawatte, die rouklaers agter die kiste. Verstáán die toeskouers langs die straat dan nie wat besig is om te gebeur nie?

Mannetjies het sy pa help dra, regs voor, in sy uniform soos die ander draers. Izak, onmiskenbaar met sy ruie swart baard en bril, het Hendrik help dra, ook regs voor. Agter die kiste was Pompie, Olivia, Retha, Riana en die kleinkinders.

Olivia se familiealbum vertel die verhaal van daardie dag beter as wat woorde kan. Mannetjies wat sy ma regop hou by die graf toe haar bene wil meegee, Izak wat Olivia help om klein Louis te ondersteun, sy kinderhandjies in hulle s'n. Die twee families, Van der Westhuizens en Potgieters, saam op geposeerde foto's, verenig in hul rou.

Die ou begraafplaas was al amper vol toe Daantjie en Hendrik langs mekaar in 'n hoek neergelê is. In die lewe het hulle saam geboer en gelag en geveg, en daardie band word herdenk in die dood. Hul grafstene lyk soos twee helftes van dieselfde perkamentrol, verbind deur 'n granietstaaf wat grondlangs loop. In die middel, tussen die twee kopstene, verrys 'n swart naald wat herinner aan 61 s'n op Omuthiya, met die woorde "Vrou en Kinders".

Louis Fourie en Rassie Erasmus is naby hulle begrawe en toe, behalwe die plek wat vir Pompie opsygesit was langs haar man en skoonseun, was Tsumeb se ou begraafplaas vol.

"Dit het gevoel of ons skaars een in die grond gesit het, dan is dit die volgende een se beurt," het Olivia drie dekades later gesê, bedaard en beheersd soos altyd. "Dit was verskriklike tye ... Ons is baie hard geslaan."

Die volgende dag, Woensdag, was dit Jan Kouswab se beurt – Jan Kaka, soos hy alombekend was, om watter rede kan niemand meer onthou nie. Sy begrafnis was by Tsintsabis, waar sy familie was, nie ver van die hinderlaagtoneel op Bravo nie.

Pompie het moeite gedoen om te sorg dat alles is soos Jan se mense dit wou hê. Sy kis was oop, soos dit sy mense se gebruik was, sy doodsmasker 'n spieëlbeeld van die droefheid op die gesigte van die lewendes.

Op die foto's staan Olivia, Riana en Mannetjies met hul rûe na 'n Ratel in die bos, blomkranse in hul hande, in dieselfde klere wat hulle na die vorige dag se roudiens gedra het. Pompie sit op 'n kampstoeltjie; Izak en Lukas is naby, in uniform.

Ou Eddie met sy grys hare was ook daar. Of hy op die grond of op die Ratel was tydens die hinderlaag, is niemand van seker nie, maar het hy deur die aanvallers gehardloop en hulle het hom dae later, kilometers weg, gekry waar hy bebloed en in skok in die bos ronddwaal.

Meerkat, wat by sy oom Jan – dááí Jan – geleer het hoe om spore op die harde grond van die Driehoek te lees, was nie daar nie. Die vroue moet gaan begrafnis hou, het hy gesê; die manne moet gaan jag, die *terrs* is nog "in".

Lukas het gepraat oor hoe Jan Kaka 'n heldedood gesterf

het nes sy leier, luitenant Daantjie van der Westhuizen. 'n Erewag van Boesmans, sommige in uniform en met R1-gewere gewapen, en ander in gewone klere met pyl-en-boog, het Jan saam met die kommandolede gesalueer.

Toe praat Pompie. "Gaan vat weer die spore," het sy die Boesmans gevra. "Dis wat luitenant Van der Westhuizen sou wou gehad het."

Die Eerste Mense van Suider-Afrika, hulle wie se voorsate die geheim van die Groen Heuwel van Tsumeb so lank bewaar het, het na die groot vrou gekyk. En gesê: "Goed, ons sal, maar dan moet Mevrou terug na die radio's toe."

Die volgende dag, Donderdag, presies 'n week ná die hinderlaag op Bravo, het Pompie by die HK gaan aanmeld. Sy wou diensbaar wees.

"Steeds Vol Moed," lees die opskrif in die *Journal* bo die foto van Pompie waar sy in een van haar kenmerkende, geblomde tentrokke by die radio's sit, die handstuk teen haar oor gedruk. In die berig word Pompie aangehaal: "Dit staan soos 'n paal bo water: Ons gaan terug plaas toe."

Maar eers moes daar nog 'n oorlog baklei word. Pompie het haar vir die duur van Operasie Yahoo in Tsumeb se HK ingegrawe.

Laatnag het Roland die aanbeveling geskryf vir Daantjie se Honoris Crux, Suid-Afrika se hoogste militêre eerbewys vir dapperheid. Party mense glo dit was vir die voorval in '81 se Winterspele toe Daantjie, blootgestel agter op die Buffel, voor Hendrik ingejaag het waar hy op die grond vasgepen was en die vyandelike vuur op hóm getrek het. Ander sal weer vertel dit was vir die hinderlaag op Bravo waarin hy gesterf het.

Nee, sê Roland, dit was vir al twee.

Die landmyne op die 19de wat Bol en Rassie gedood en Reinhard neergevel het, was die laaste groot terugslag vir die mense van die Driehoek. Teen die 20ste, die dag van die begrafnis, het die infiltreerders begin versplinter onder die volgehoue druk, in kleiner groepe opgebreek – *gebombshell*. Een kontak ná die ander het gevolg en die helikopters was baie besig.

Maar daar was nog een kopseer. Suidwes van Tsumeb het die groep van 18 infiltreerders afgepyl op die Kombatberge, wat tussen Tsumeb, Grootfontein en Otavi verrys. Kombat, waar die eerste Europese oë in 1850 Tsumeb se ryk koperneerslae gesien het. Kombat, waar die Duitse koloniale magte ingegrawe was net voordat hulle in 1915 aan Louis Botha oorgegee het.

Dié bergreeks was bekend aan SWAPO se spesiale magte. Hulle het dit tydens infiltrasie gebruik as 'n landmerk om deur die bos te navigeer. En die ruwe berge oortrek met doringbos was die perfekte lêplek vir die guerrillas. Die Ratels kon nie in die klowe in en teen die kranse uit nie, en selfs agtervolging en opsporing te voet was baie moeilik. Hulle kon teikens in die omgewing aanval en dan weer in die berge in verdwyn.

Roland was vasbeslote om te keer dat hulle die berge bereik. Hy het nie presies geweet waar hulle is nie, wel in watter algemene omgewing. En hy het besef die infiltreerders sou teen hierdie tyd fisiek uitgeput wees. Hulle het honderde kilometers vanaf Angola gestap, by tye gevlug of geveg, en bitter selde genoeg gehad om te eet. Nou moes hulle geestelik geknak word. Dit was tyd vir sielkundige oorlogvoering: 'n jakkalsjagoperasie.

Die berge is stelselmatig bestook met 61 Meg se

16

120 mm-mortiere, wat groot vuurbolle die lug ingestuur en veldbrande veroorsaak het. Uit die lug is hulle geteister deur die eksentrieke Tickly Tessler, 'n plaaslike boer wat sy ligte vliegtuig in 'n privaat lugmag omskep het. Hy het 'n buitgemaakte AK47-geweer onder elke vlerk gemonteer en met behulp van drade die snellers vanuit die stuurkajuit getrek. In die vloer het hy 'n gat gesny en 'n pyp vertikaal daarin geplaas, waardeur hy handgranate kon laat val. In hierdie geval is donderbuise – 'n soort superklapper wat in opleiding gebruik word en 'n helse lawaai maak – uit die lug laat reën. Snags het 'n paar Ratels op die paaie in die omgewing rondgery en die bemannings het met tussenposes gestop om groot vure te maak voordat hulle aanbeweeg het.

Dit het gewerk. Binne dae het die 18 infiltreerders se moed hulle begewe en het hulle omgedraai en *gebombshell*. Die spoorsnyers het tekens begin kry van groepies van twee, drie, ses wat noordwaarts hardloop, terug na die Angolese grens. Die *terrs* was op pad "uit". Tussen hulle en veiligheid was honderde kilometers en honderde jagters wat hul bloed soek.

Intussen, op Tsumeb se lughawe, het Pompie se dae agter die radio's al hoe langer begin raak, vertel Riana.

"Hulle't haar kom haal elke oggend en teruggebring elke aand. En dit het elke aand later geword, elke oggend vroeër. En dit was basies wat sy móés gedoen het; dit was haar manier van *deal* daarmee. En, ja, ek dink sy wou ook diensbaar wees, van nut wees."

Saans het Pompie gekla haar bene pyn van die heeldag se sit by die radio's en dan het Riana dit vir haar gevryf.

"En toe raak sy siek. Ek het een oggend skool toe

gegaan en tant Sannie het haar gaan wakker maak en sy't gesê ja, sy staan op. Ek het haar wakker gemaak en later het tant Sannie haar ook wakker gemaak. Later, toe tant Sannie in die kamer kom, toe lê en slaap sy nog, toe's sy in 'n koma. Toe was sy twee weke in die hospitaal, of ek kan nie onthou hoe lank nie. Toe't hulle vir haar spuite gegee om haar bloed dun te maak. Dan *worry* jy: Jy het nog net jou ma oor; nou raak jou ma so siek. En só het dit aangegaan en aangegaan ..."

Ver suid van Tsumeb en die Driehoek, in 1 Militêre Hospitaal by Voortrekkerhoogte, het Reinhard steeds by die saal se venster uitgekyk na die bopunt van daardie vlagpaal. "Maar daar het in die tien weke wat ek in die hospitaal was nie een keer 'n voëltjie gaan sit nie, nooit nie."

Hier, ver van die bos af, was hy omring deur stukkende seuns van 18, 19 jaar oud wat hul voete, bene, arms, hande of sig op die altaar van politici geplaas het. Dertig pasiënte in sy saal, sommige van hulle met diep geestelike letsels. Maar hy het krag uit 'n onverwagse oord gekry: H.P. Ferreira, die 61 Meg-troep wat in 1981 tydens Operasie Sceptic in Angola aanvanklik dood verklaar is nadat ses (of was dit meer?) lugafweerkoeëls deur sy middellyf geskeur het, koeëls wat deur 'n Ratel se pantservel trek asof dit papier is.

H.P. het al twee sy bene verloor en dit was verreweg nie sy enigste beserings nie. Sy vernielde lyf is stukkie vir stukkie geheg. Maar die nektar van die lewe in hom het gebruis en hy was die hospitaal vol in sy rolstoel om poetse te bak of 'n grappie en 'n bemoedigende woordjie te deel.

"Hy was baie goed vir my, 'n lewende wonderwerk,"

vertel Reinhard. "Ons het baie goeie vriende geword."

Op 'n dag het 'n Dakota DC-3, soos dié waarin ou Lukas bevryde Geallieerde krygsgevangenes huis toe gevlieg het nadat die Tweede Wêreldoorlog in Europa verby was, op Waterkloof geland. Aan boord was 'n groep vroue van Tsumeb, party in hul kommando-uniforms, wat vir die gewondes kom kuier het. Een van hulle was Yvonne Friederich, hoog swanger met haar en Reinhard se kind. Sy was so ooglopend na aan haar tyd dat die hospitaalpersoneel eers nie wou gehad sy moet terugvlieg nie. Maar hul kind was 'n Suidwester en moes in Suidwes gebore word, klaar.

'n Paar dae ná die vroue se besoek het Reinhard een oggend omstreeks 01:00 wakker gelê en gehoor hoe die nagsuster se voetstappe in die gang nader kom. Hy het dadelik geweet sy kom om hom te sê sy seun Rudolph is gebore. Daardie dag het die verpleegsters vir hom 'n vleisbraaitjie buite gereël en hom net so in sy bed uit die saal gestoot. Hy het sjampanje gedrink en vir die eerste keer sedert die landmyn het hy gras gesien, bome en sulke goed. Alles was *wunderbar, so schön.*

Daardie oggend het hy geweet hy sou binnekort huis toe gaan, weer deur die bos stap, op albei bene, sterk soos 'n kameeldoringboom.

In die Driehoek was '82 se Winterspele naby sy einde. Op 1 Mei is vier terroriste doodgeskiet terwyl hulle gehardloop het vir die Bravo-kaplyn, dié keer om *uit* die Driehoek te kom, nie *in* nie. Soos die ander *kills* is hulle na die lughawe op Tsumeb geneem, waar hulle in 'n ry naby die aanloopbaan gelê het terwyl 61 se inligtingsoffisier hul sakke deursoek het vir dokumente, kaarte of enigiets wat hulle meer van die vyand kon leer.

Die volgende dag het Roland se Ratel, roepsein Zero, langs die pad tussen Tsintsabis en Oshivelo gestaan. Naby die plaas Vaalwater, vertel hy, waar die landmyn vir Rassie gevat het. Naby Koedoesvlei se verlate kombuis en naby Hendrik en Olivia se plaas, Rentia.

Nie ver noord van Zero af nie was die Bravo-kaplyn. En drie kilometer na die suide het die Alouettes, woedende naaldekokers, maagdraai-sirkels gemaak terwyl die *gunners* skiet-skiet-skiet na die grond. Bo Roland-hulle het drie Pumas gesirkel met *parabat*-seksies aan boord, reg om losgelaat te word.

Die radioboodskap het van Tsumeb af gekom – dalk was dit Pompie: twee gewonde *terrs* by die veepos op Vaalwater. Roland se Ratel was binne minute daar. "Nou kon ons van naby sien hoe ver heen die infiltreerders was. Hulle het in die oopte gelê, uitgeput, hul kamoefleer-uniforms in repe. Een se arm het aan 'n flentertjie gehang – die werk van 'n 20 mm-kanonkoeël uit een van die helikopters – en het kwaai gebloei. Die ander het sy AK47-geweer weggesmyt toe hy ons sien kom."

Roland en Zero se bemanning was besig om hulle gevange te neem toe een van die Pumas land en die *parabats* uitspring. Vir dié twee, anders as vir die meeste van SWAPO se gewondes, sou daar mediese behandeling wees.

Die Winterspele van '82 – die bloedigste twee weke in die Driehoek van die Dood – was verby. Die hegte gemeenskap van Tsumeb het ses geliefdes verloor, en 61 Meg nege dienspligtiges.

Uit die sowat 105 Swapo's wat die Driehoek binnegekom het, is 72 doodgeskiet. Nog 16 is gevang en het daarna vir die veiligheidsmagte begin werk.

Dit was 2 Mei, dag 17, en daar was nie meer *terrs* suid van Bravo nie.

Met Pompie-hulle se terugkeer na Koedoesvlei het Daantjie se staaltrommel nog gestaan waar iemand dit intussen gaan aflaai het. "Ons het als weer uitgepak, onaangeraak," onthou Riana. "Die whisky, sigarette, ingelegde vye, Pa se Bybel en skoon klere." Mannetjies was reeds vroeër op die plaas, want die leër het hom vroeë ontslag gegee sodat hy kon gaan boer.

Riana het in die koshuis aangebly en naweke plaas toe gegaan, soos voorheen. Mannetjies en sy ma het maar moeilik saam geboer. Dit was skaars 'n jaar later toe Pompie die plaas aan Mannetjies verkoop het en sy en Riana weg is Hentiesbaai toe.

Maar eers het die gemeenskap van Tsumeb troue gehou. In die jaar sedert die hinderlaag op Bravo het Olivia en Izak, wat langs die brandende Ratel op die kaplyn op die grond gaan lê het, mekaar gevind. Izak, wat die bedroefde Van der Westhuizens bygestaan het by die graf, wat kom help het waar hy kon met die boerdery.

Op haar pragmatiese, reguit manier vertel Olivia 30 jaar later: "Ek was eensaam en hy was baie goed vir my. Ons het mekaar gevat. 'n Beter man kon ek nooit gehad het nie."

Pompie was aanvanklik nie baie ingenome met die twee se verhouding nie, maar het dit later aanvaar. Op die troufoto langs haar dogter en nuwe skoonseun glimlag sy.

Riana onthou dit as 'n lekker troue. "Ja, dis waar,

Olivia kon nie 'n beter man en pa vir haar kinders gekry het as Izak nie," beaam sy Olivia se woorde.

Op 'n dag in 1983 is Pompie Windhoek toe, waar die destydse minister van verdediging, Magnus Malan, Daantjie se Honoris Crux-medalje aan haar bors vasgesteek het. Op die foto lyk sy plegtig, 'n deftige hoed op haar kop asof sy kerk toe gaan.

Ná 'n jaar in Henties is ma en dogter Tsintsabis toe, waar Pompie weer die radio's gaan beman het – hierdie keer vir die SWA Gebiedsmag se 301 Bataljon. Daar het Pompie eers 'n kamer in die basis gehad en later 'n mobiele woonhuis net buite die basis. Riana, toe so 15 jaar oud, is terug koshuis toe op Tsumeb. Olivia en Izak, wat nou voltyds op Rentia gewoon en geboer het, het haar en Pompie soms naweke gaan haal om by hulle op die plaas te kuier.

Maar hulle almal – Olivia en Izak en die kinders, Pompie en Riana en Mannetjies – sou uiteindelik die bos verlaat vir Swakopmund, daardie ou, Duitse, koloniale dorp aan die woestynkus wat so 'n belangrike rol in die ontstaan en geskiedenis van Tsumeb gespeel het.

Vir Riana was dit die begin van 'n lang reis op die pad na aanvaarding en genesing, 'n hoofstuk waarin sy haar verhouding met haar ma sou begin herbou, en nuwe begrip en bewondering kry vir dít wat haar ouers gedoen en opgeoffer het. Dis 'n reis wat sou voortduur selfs ná Pompie se dood, een waarin sy en veterane van 61 Meg vandag steeds na mekaar toe uitreik, 30 jaar ná die Bosoorlog.

Pompie se Oorlog het op 6 Julie 1995 in die hospitaal op Swakopmund geëindig. Volgens die dokters het Pompie, teen daardie tyd ook 'n diabeet, se organe ingegee.

In haar tot nou toe ongepubliseerde herinneringe oor die lang dae en nagte by die radio's tydens die infiltrasies wat sy baie jare ná die oorlog en ver van Tsumeb geskryf het, verklap sy nie veel oor die jaar 1982 nie. Net dit:

"Dit is ook in hierdie dae wat Daantjie die Honoris Crux verower. Soos seker al opgemerk is, wei ek nie graag oor hierdie kant van die saak uit (nie), die manne wat betrokke was, weet wat die situasie was. Hierdie skrywe is vir my vriende en my dierbares 'n saluut vir hulle, 'n onthou-jy-nog? Elke voorval staan my helder voor die gees. Vergeet? Nooit!"

Emosionele wonde word nie op doodsertifikate aangedui nie.

Epiloog

Op 'n dag het 'n konvooi op die grootpad gery wat Namibië van onder na bo klief, rigting noord, doelwit Angola. Die groep mans in die voertuie het sowel die pad as die doelwit goed geken.

Êrens net suid van die groot, droë pan bekend as die Etosha-wildtuin, suid van Oshivelo, het die konvooi van die grootpad afgeklim en oos gery, nie ver nie. Onder die kameeldoringbome het hulle laer getrek en gereedgemaak vir die koms van die nag. Maar anders as so baie ander nagte wat hulle in die noorde van dié land geken het, sou dit nie 'n nag van loopgrawe en wagbeurte wees nie. Die braaivleisvure het hoog gebrand en mense het begin opdaag vir die vreugdevolle herontmoeting.

Die jaar was 2010 en 61 Meg was terug in Tsumeb – hierdie keer as veterane wat 'n reis van genesing en versoening na die ou slagvelde van die Bosoorlog en Angola aangepak het. Ek het die reis as joernalis meegemaak om 'n reeks artikels daaroor vir *Rapport* te skryf. Maar tot kort voor ons vertrek uit Suid-Afrika het ek nie besef die groep bestaan hoofsaaklik uit medeveterane van my ou eenheid, 61, nie. En hier op Tsumeb sou ek vir die eerste keer die volle verhaal van Pompie en Daantjie en Izak en die ander hoor wat hom afgespeel het voor my aankoms op die grens in Desember 1982.

Hulle was almal daar, oom Lukas Nel en Reinhard Friederich en Dave Keyser. Ook mense soos Ockert Brits, destyds die stadsklerk en tweede-in-bevel van die kommando, Alex Britz, boer en inligtingsoffisier wat dikwels deur 61 "geleen" is, en Jasper Coetzee, 61-veteraan wat nou 'n slaghuis op Tsumeb besit.

Onder die 61-veterane in die konvooi bakkies was Roland de Vries. By die vuur onder die kameeldoringbome is daar op die onthoupaaie van vuur en bloed en vreugde en verdriet gereis. Dáár is die name tannie Pompie en Daantjie en Hendrik en Jan Kaka en oom Louis en Bol en Rassie onder die blinkvet Namibiese sterre herdenk, met respek en liefde vir ou vriende en kamerade.

Die onthoureis deur die dorp is die volgende oggend hervat. Hiér is die sinkgeboutjie op die lughawe waar Roland se taktiese HK tydens 1982 se infiltrasie was; dáár die Buighuis waar Penny Coelen en die generaals gekuier het. Het jy geweet, die guerrillas was binne 2 km van die Buighuis? Dáár is die kantoortjie waar Pompie die radio's beman het ná die hinderlaag; hiér was Roland se woonhuis. Een nag het hy in sy eie tuin met 'n radio en 'n seinfakkel gelê en wag vir guerrillas wat toe nie hul opwagting in die hart van die dorp gemaak het nie, vertel Roland. Koue biere in Sekelbossie, die kroeg wat steeds die naam dra van die Tsumeb-kommando se kenteken, destyds ontwerp deur oom Lukas Nel.

Alles nuwe ontdekkings vir my, wat my dae as dienspligtige op Omuthiya geslyt het.

Die hoofstraat met sy ou, Duitse kerkie aan die onderpunt en ewe ou myntoring aan die bopunt is darem bekend. En dáár is die Weyand-familie se winkel en eetplek steeds, met die broers Martin en Andy (uitgespreek "An-dei") nog agter die toonbanke. Andy, wat 61 Meg se betaalmeester was in '82 en steeds name en datums op juweliersware en trofeë graveer met dieselfde masjien waarmee hy die woorde "Ops Yahoo" en die datum "April

1982" op 'n goue Gunston-sigaretaansteker vir Pompie aangebring het.

In die geskiedkundige ou Minen Hotel, destyds verbode vir my, drink ons volgens 61-tradisie (só word daar aan my verduidelik) 'n heildronk in swart Sambucca, en met die uitstap staan daar 'n jong man op die drumpel en hy sê: "Ek's Danie, Daantjie van der Westhuizen se kleinseun, Mannetjies se seun, en is jý die man wat die aanbeveling vir my oupa se Honoris Crux geskryf het?" Die oomblik is te groot vir Roland; hy gaan sit eers 'n rukkie op die Minen se trap en tuur 28 jaar die verlede in.

En was dit net voor daardie ontmoeting by die Minen, of dalk net daarna, toe nog dorpenaars begin opdaag het daar waar ons in die straat gestaan het? Nog herontmoetings, en iemand het 'n familiealbum gaan haal en oopgeslaan op die neus van 'n bakkie onder 'n groot frangipani. Daar, onder die klewerige plastiek, was die fotoskrapnel van besonderse menselewens, van Pompie s'n en Daantjie s'n, van 61 se soldate s'n, almal s'n.

Ek het toe heimlik geweet ek moes weer kom, dieper delf.

Olivia en Izak

Noord van Swakopmund se geskiedkundige Duitse koloniale hart, waar toeriste uit die heimat kuier om eisbein en oondwarm *brötchen* en lang skuimkopbiere, is 'n huis wat lyk soos 'n skip wat die koue Atlantiese Oseaan binnevaar, weg van Tsumeb en die bos en sy herinneringe. Hier woon Olivia en die man wat deur sy medeboere en kommandolede Kaalvoet Izak genoem is.

Die illusie van 'n skip is grootliks te danke aan die erf in die vorm van 'n boeg, met sy skerp punt weswaarts na die see gemik en die breë, reguit lyn van die agterstewe na die bos, ver oos van hier.

Olivia, die pragmatiese, skynbaar onverstoorbare Olivia, sal sulke praatjies as nonsens afmaak.

Maar daar is tog ook iets aan die huis self, op drie, vier verdiepings gebou met ovaalvormige mure van glas aan die seekant, wat die brug van 'n groot skip oproep. Daar is min hier wat besoekers aan die landskap van die verlede herinner. Binne, in die leefarea, hang 'n skildery van 'n son wat wegsink in die doringbos. Buite, op die boegkant van die erf, is 'n ronde vuurput vir kuiers onder die sterre.

Getrou aan sy naam, vind ek Izak kaalvoet, Olivia ook, hul bruin gemakstoele van leer teen mekaar geskuif. Hulle vat dikwels mekaar se hande terwyl hulle praat, glimlag vir mekaar.

"Die beste man wat ek ooit kon gehad het," sê sy en Izak bloos sweerlik agter sy grys baard, want sy glimlag maak plooitjies om sy oë.

Hulle praat nie eintlik oor destyds nie, sê Olivia, rustig en berekend. Hulle het vir die kinders vertel wat hulle moet weet en vir hulle die foto's gewys, maar doen dit nie meer nie. "Ons wil nie hê die kinders moet met haat grootword nie."

Hulle het hul plaas, Rentia, in 1992 verkoop en met harde werk 'n suksesvolle gesinsonderneming op Swakop kom bou, saam met die kinders.

Haar vertelling oor die infiltrasies van die 1980's is vol van die dinge wat so groot in Riana se kindergemoed gehurk het, maar met die dis-nou-maar-hoe-dit-was-aanvaarding van iemand wat ouer en meer volwasse is.

"Die plaas was soos 'n *army*-basis ... Boesmanspoor-snyers bly daar in tente ... soms was die hele huis vol troepe wat oorgeslaap het ... ons moes almal voer, was baie vol ... wanneer hulle ons laat weet die *terrs* is "in" was dit eintlik 'n pyn ... mens het geweet presies wat om te doen, maar jy's tog 'n bietjie gespanne ... ons was nie bang nie, vir wat? Ons was opgelei en gereed."

Haar ouers en die dinamika in Koedoesvlei se kombuis?

"Ja, Ma was vreeslik pligsgetrou en erg oor haar werk. Eintlik later als afgeskeep behalwe die radio's; Pa het ons grootgemaak, want Ma was agter die radio's. Ons kinders was nader aan my pa as aan haar. Pa was 'n wonderlike, geduldige man, altyd vol humor."

Daardie eerste oggend van die infiltrasie in 1982 was blote roetine op Koedoesvlei, met geen waarskuwing oor wat sou kom nie. Buite by die wasgoeddraad kon sy alles in die kombuis hoor.

"Ma was voor die radio, toe hoor ek hoe sy skielik 'n oomblik stil word ... toe vra sy: "Maar kan julle my net sê of Daantjie en Hendrik nog leef?" ... Toe ek bykom, was die dokter daar en Ma nóg voor die radio's. Sy het net aangegaan en aangegaan – die hele ding, als wat gebeur het tydens die hinderlaag, herlei na die HK."

Izak teug aan 'n whisky, nes hulle soms by 'n kampvuur tydens operasies in die bos gedoen het. Hy praat met 'n mengsel van woede en nostalgie. Hy onthou Hendrik as onverskrokke, 'n goeie spoorsnyer en soldaat soos sy skoonpa, wat – soos Daantjie – graag gelag het.

"Ek was lid van 'n ander agtervolgingsgroep daardie dag ... het oor die radio gehoor daar was 'n hinderlaag en het probeer uitvind of Daantjie-hulle oukei is, maar niemand wou iets sê nie. Toe dros ek met die *Landie* en gaan kyk."

Langs die brandende Ratel op Bravo het hy op sy maag gelê en geroep, geluister of hy iets hoor. "Dit was onwerklik, verskriklik, dié magteloosheid."

Olivia, steeds bedaard: "Pa het altyd vir my gesê: 'My kind, ek hoop nie ek hoef ooit vir jou te kom sê Hendrik is dood nie.' Toe sterf hulle saam.

"Dit was 'n verskriklike tyd, so baie begrafnisse; ons hele boeregemeenskap is hard geslaan. Dit het gevoel of ons skaars tyd het om een in die grond te sit, dan is dit die volgende een se beurt ..."

Ja, daar is tog dinge wat sy mis van destyds. "Ons was 'n hegte gemeenskap op die plase, en met die soldate. Ons het uitgekyk vir mekaar."

Izak, met meer drif: "Dit was vir ons baie swaar toe 61 Meg en die ander Suid-Afrikaners onttrek het aan Suidwes. Waarvoor het ons dan geveg? Ons was ook Suid-Afrikaners.

"Daar was 'n groot leemte nadat 61 weg is; hulle was deel van ons gemeenskap. Ons het saam geveg en gekuier en gerou. Ons was kwaad – kwaad vir die politici. Die weermag was baie verskonend omdat hulle moes gaan, het selfs vir die boere R4's gegee, wat ons later maar net weer vir SWAPO moes gee. Ons het nie geweet wat voor die verkiesing gaan gebeur nie, of die Kubane oor die grens gaan kom of nie. Ons was reg om alleen te veg as dit nodig was."

Die dag van daardie eerste verkiesing, toe SWAPO as die oorwinnaar by die stembus aangekondig is, was Izak en Olivia op Omuthiya, waar die basis se strukture opgeveil is. Hulle het van die sinkplate gekoop om op die plaas te gebruik.

Hulle het nie, soos sommige boere en dorpenaars van Tsumeb, gekies om Suid-Afrika toe te gaan nie. Hulle het gekies om te bly en vandag gaan dit goed, dankie. Hulle is dankbaar.

Hier in hul huis in Swakopmund het Mannetjies, wat nooit die trauma van sy pa en "ouboet" Hendrik verwerk het nie, geskei en met vier kinders van sy eie, ook 'n ruk voor sy dood gewoon. Aan sy hart, het die dokters gesê. Koedoesvlei het hy reeds in 1988 verkoop, omtrent die tyd toe 61 finaal aan Suidwes onttrek het nadat daar deur onderhandelings 'n einde aan die oorlog gemaak is.

Ousus Retha is ook onlangs aan natuurlike oorsake op Swakopmund oorlede.

Op 'n kol het die verlange na die bos te veel geraak vir Izak en hulle het 'n stuk grond gekoop, noordoos van Swakop, amper halfpad Tsumeb toe. Daar, waar hulle die hitte van die bos kan voel en weg is van die koue mis wat soms dae lank oor Swakop kom hang, is hulle elke moontlike naweek saam met die kinders om te bou.

Dis veronderstel om in die plaasmoorddistrik van Namibië te wees, voeg Olivia by. "Maar daar het ons veilig gevoel sonder vuurwapens terwyl ons in 'n tent of sommer onder die sterre slaap, want daar was niks. Noudat daar 'n gebou en veiligheidsheining en ligte is, slaap ons met 'n wapen, want nou is daar iets."

Die foto's teen die mure van die huis aan Swakop se woestynkus spreek van 'n hegte, gelukkige gesin, 'n gesin met 'n gewone lewe sonder radio's en Ratels. In 'n huis waar jy enige tyd voor die groot vensters mag verbyloop.

Riana

As kind op Koedoesvlei was Pompie se radio's vir haar die Groen Monsters, die gedrogte wat haar ma van haar af weggehou het. Nes die oorlog haar pa van haar af weggeskeur het.

Die jare ná Tsumeb was ook nie maklik vir ma en dogter nie. Ná die oorlog is die SWA Gebiedsmag ontbind en Tsintsabis, waar Pompie se laaste radiopos was, was weer net 'n godverlate klein polisiestasie. Pompie is saam met haar jongste dogter na Swakopmund, waar Riana as haarkapper begin werk het. Sy het haar ma op sekere vlakke begin vind, maar daar was steeds die hartseer, die verlies, en 'n woede omdat sy deur die oorlog 'n gewone kleintyd en gesinslewe ontneem is. 'n Lewe sonder radio's en Ratels.

En die droefheid het Pompie nooit verlaat nie. Sy het nooit sielkundige hulp versoek of gekry nie, maar uiterlike tekens van erge depressie getoon.

Posttraumatiese stres is in haar twintiger jare by Riana gediagnoseer en met berading het sy die pad van genesing begin loop. Oorlog se wonde is nie altyd sigbaar nie.

Sy was by die haarsalon die dag toe Pompie, haar gesondheid reeds swak weens diabetes en jare van kettingrook, baie sleg begin voel het. Op pad huis toe vir Ma blomme gekoop, haar in die nag versorg. Haar by die hospitaal gekry.

Riana het haar ma se hand vasgehou toe sy haar laaste asem uitblaas. Pompie het rustig gesterf, op die oog af so sterk soos die dag by die radio's met haar man en skoonseun se dood. Dit was 6 Junie 1995.

Dit was eers ná haar ma se dood dat Riana die instrument gevind het om te begin sin maak van alles wat gebeur het. Met die hulp en aanmoediging van 'n vriend het sy 'n blog geskryf waarin sy vertel het oor haar kleintyd en Koedoesvlei tydens die infiltrasies, haar ma agter die radio's, die Boesmanspoorsnyers, haar pa en swaer Hendrik se dood. Sy wou haar ouers se storie vertel. Mense moes wéét.

Maar mense hét geweet. Van regoor Suid-Afrika, selfs van oorsee, het veterane van die Bosoorlog deur die radio van die 21ste eeu – die internet – na haar toe begin uitreik nadat hulle haar blog gelees het. Sommige was bekendes, soos Roland de Vries, wat vir haar 'n lang e-pos geskryf het oor sy waardering en bewondering vir haar ouers.

Hy het sy herinneringe met haar gedeel oor Koedoesvlei se kombuis en haar ma wat soms op 'n snikhete dag van die radio's af opgestaan en met geblomde rok en al in die swemdam gaan klim het om af te koel.

"Jou ma met haar spesiale gawe met die radio's het baie lewens gered op die Grens … sy het dikwels tydens gevegte op kritieke oomblikke boodskappe herlei wanneer ons met radiokommunikasie langs die gewone kanale gesukkel het."

En oor haar pa: "Jou pa was 'n wonderlike, entoesiastiese en lojale persoon. Hy was 'n leier en 'n held by wie ek so baie dinge geleer het. Met sy spesiale eienskappe het hy die lewe vir my makliker gemaak tydens die Grensoorlog."

Daar was ander, soortgelyke boodskappe van 61-veterane, maar ook van die oudlede van ander eenhede vir wie Pompie se rustige stem uitkoms van een of ander aard in die bos gebring het, of wat saam met Daantjie op die spore was.

Sy het besef haar ouers het gedoen wat hulle geroepe gevoel het om te doen: hul plig. En daarmee het groter begrip en aanvaarding gekom. "Ek kon dit nie destyds as kind insien nie; nou, as grootmens, kan ek. Ek kan sien watter wonderlike mens my ma was … Dis wonderlik om te hoor watter pragtige goed oor my ouers gesê word. Dit maak my net liewer vir hulle, laat my hulle net nog meer waardeer as ménse.

"Ek het twee buitengewone ouers gehad, twee mense wat baie opgeoffer het vir wat hulle geglo het reg is, vir hul land en vir ander mense. Dit sal altyd vir my baie beteken."

Maar van oorlog, die meule van mislukte politiek waarin gewone mense fyngemaal word, kan sy niks goeds sê nie. "Ek sal nooit my pa se Honoris Crux weggooi nie, maar ek sou eerder nog 'n pa wou gehad het ... met 'n medalje kan ek niks doen nie."

Riana bewaar die medalje en sal dit eendag nalaat aan haar oorlede broer, Mannetjies, se seun, Danie, genoem na die oupa wat hy nooit geken het nie. Danie, wat die dag in Tsumeb vir Roland op die trap van die Minen Hotel voorgekeer het.

Deur haar blog het Riana ook bewus geraak van talle veterane van die Bosoorlog wat 30 jaar later die pyn van diep emosionele wonde ervaar. Sy moedig hulle aan om hul stories op haar blog te vertel, om oor hul trauma te praat. "Soos die man wat skryf hy kan nie meer nie, hy is besig om hom in sy graf in te drink ...

"Hoeveel ander sulkes is daar? En dís wat my kwaad maak: Daar is destyds niks vir hulle gedoen nie – hulle is nie beraad nie, en steeds word daar niks vir hulle gedoen nie. Ek wil so graag help, maar daar is min wat ek alleen kan doen. As praat op my blog hulle help, dan help ek op daardie manier."

Dis iets wat Pompie goed sou verstaan het, hierdie behoefte van haar jongste dogter om te help.

Oom Lukas

In die museum in die hoofstraat van Tsumeb, saam met die Duitse koloniale leër se Krupp-kanonne wat uit die Otjikotomeer geduik is en die San-artefakte en fabelagtige minerale uit die myn, hang 'n besonderse uniform agter glas. Dis die uniform van 'n kommandant in die infanterie, met die kentekens van die Tsumeb-kommando. Maar op die bors is daar die halwe vlerkie van 'n vlugingenieur.

Dis 'n uniform wat twee oorloë 43 jaar uit mekaar simboliseer, op verskillende vastelande, een in die lug en een op die grond. Oom Lukas, Tsumeb se lewende legende, is nou al in die neëntig en nog pure perd.

In sy onthoulandskap doem die myle en myle wit kruise in die Libiese woestyn steeds groter op as die "kinderspeletjies" van die Bosoorlog. Maar die mense wat hom ken, sal vir jou sê dis maar oom Lukas se manier van praat. Hy was 'n groot dienaar van Tsumeb in daardie onstuimige 1980's.

Oom Lukas het nie verander nie, maar die lewe het nuwe uitdagings vir hom en tannie Joey gebring. Daar is steeds 'n veiligheidsheining om hul plaashuis langs die pad tussen Tsumeb en die Tsintsabis-pad, maar een nag, nie lank gelede nie, kon dit nie die infiltreerders uithou nie. Nie SWAPO-guerrillas nie. Misdadigers. Die twee bejaardes is met vuurwapens aangehou, aangerand en beroof.

Maar hulle het geen vrees getoon nie. Ja, daar was moeilike tye in daai jare van die Bosoorlog, sê oom Lukas. Maar tóé het jy geweet wie jou vyand is, en ons het almal saamgestaan.

"Maar dit gaan goed met my en die tannie, dankie. Ons is dankbaar om met so 'n lang en wonderlike lewe geseën te wees, soveel wonderlike vriende en kamerade op ons lewenspad."

Dave

Heibis-Ost is die naam van Dave se pragtige plaas. Jy sien sy huis net regs van die pad as jy van Tsumeb af Tsintsabis toe ry, op 'n klipkoppie waar die aalwyne rooi blom. *Ost* is "oos" in Duits; *Heibis* beteken die plek waar jy so lekker slaap dat jy droom, vertel Dave. En, ja, hy slaap lekker hier. Nie eens die stukkies skrapnel van die RPG7 wat nog in sy lyf is, hou hom wakker nie.

As jy hom vra, sal hy vir jou die kolf van sy ou R1-geweer wys waarin 'n stuk skrapnel nog vassit. Dalk het dit sy lewe gered daardie dag.

Dis hoeka danksy die Swapo's dat die plaas nou syne is. Tydens die Winterspele van "83, die infiltrasie ná die een waarin Daantjie-hulle dood is, het hy die spore gevat van die Swapo's wat twee dienspligtiges van 61 Meg doodgeskiet het terwyl hulle plaasbeskerming gedoen het. Net daar waar hulle in die dekstoele langs die swembad gelê het.

Maar dis 'n storie op sy eie, daai. Ha-ta-ta-ta ...

Ewenwel. Hy volg toe die spore hier oor die plaas en hy sien dis 'n pragtige plaas, maar hy lê leeg. Behoort aan 'n vrou in Duitsland, het hy later gehoor. Hy het nie die *terrs* daardie dag ingehaal nie, maar hy het wel later die plaas gekoop, vir 'n raps meer as R13 per hektaar.

Sy Willa, wat die stories van Pompie en Daantjie en Hendrik en Jan Kaka en Bol en Rassie en oom Louis in die *Otjikoto Journal* verewig het, is intussen ook oorlede.

Dave, wat sy studie as veearts moes opskop weens te min geld, wat in die bank gewerk het en toe vir hom 'n suksesvolle boerdery gebou het deur braairoosters en bakkierelings te sweis in ruil vir vee, het dit geniet om deeltyds soldaat te wees. Die veld, die kameraderie, die adrenalien, die grappies, die avontuur. Skerp ouens gewees, daai 61 Meg en die *parabats*. "Nee, ek sê altyd, van die mooiste seuns wat ek leer ken het, was in die *army*."

Omdat Tsumeb en die Driehoek altyd maar die besigste was met infiltrasies, die meeste in die spervuur was jaar ná jaar, was dit nie snaaks om 'n klomp generaals en kolonels van Pretoria en Windhoek op die dorp te sien nie. Maar toe kom daardie aand in Sekelbossie in 1988 ...

"Wee' jy, dit was vir my belaglik. Ek was verstom. Hulle hou 'n vergadering en sê toe vir ons hulle gaan nou onttrek ... as deel van die proses moet ons ontbind en ons wapens inhandig.

"Waar het jy al gesien die kant wat die oorlog wen, moet hul wapens ingee? Sulke dinge is vir my snaaks. Verkeerd. Maar dis politiek."

Hy skat seker so tien boere daar in die Driehoek het padgegee tydens die oorlog of met die oorgang na die SWAPO-bewind. Suid-Afrika toe.

"En nou's hulle slegter daaraan toe as ons."

Die gemeenskap hier is steeds heg, maar dalk nie so heg soos destyds nie. "Maar die omstandighede het verander. Ons is nie meer in 'n oorlog (gewikkel) nie. Dis nie meer so nodig nie."

Reinhard

In die hospitaal in Pretoria het hulle vir hom gesê hy kan huis toe gaan die dag as hy self kan loop. H.P. Ferreira, die 61 Meg-troep wat byna in twee geskeur was deur SWAPO se lugafweerkoeëls en eers vir dood aangesien is, het net gelag en gesê: "Moenie *worry* nie, ek gaan jou op 'n vliegtuig kry."

H.P. het met Dippenaar gepraat – die einste Johan Dippenaar, eerste bevelvoerder van 61 Meg met wie

Reinhard aanvanklik vasgesit het ná sy oom Adolf en die Roodts se dood in 1979. Dié het toe 'n paar toutjies getrek.

En só het dit gekom dat 'n rystoel, um, "georganiseer" is en Reinhard het enkele skuifeltreë deur die deur gegee en toe weer gaan sit en is na 'n wagtende kar gestoot. Op die lughawe aangekom, is hy saam met Dippenaar op die vliegtuig Grootfontein toe saam met 'n spul *high brass*. Hulle het hom soos 'n baba versorg, die klomp grootkoppe.

"Daardie H.P. is 'n wonderwerk," sê Reinhard meer as een keer vir my.

Terug op Choantsas moes hy weer van vooraf leer loop, leer om self toilet toe te gaan, alles.

Maar hy hét. En kort voor lank was hy weer betrokke by die oorlog – nie self op die spoor gehardloop nie, maar sy kennis van die Haikum-taal en die plaaslike spoorsnyers en hul kultuur gebruik om dinge te help koördineer.

Vandag loop hy soos altyd op die plaas rond. Hy stáp, soos Dave sê.

En behalwe die boerdery hou hy hom besig met sy groot passie, die San en hul kultuur en gebruike. In die Etosha-wildtuin, daar waar die Haikum vandaan kom, het hy op sy twee bene ure in die veld gestap, sonder 'n geweer om hom teen leeus en olifante te beskerm, om die stories en legendes en geheime van die oudstes onder die San op band op te neem. "Soms het die ou mans halfpad deur hul stories aan die slaap geraak en dan het ek maar net geduldig gewag tot hulle weer wakker is en die spoor weer opgetel. Die natuur en die San laat hulle nie aanjaag nie; hulle het hulle eie ritme."

Sy boek het al in Duits verskyn en hy het onlangs eindelik iemand gekry om 'n Afrikaanse vertaling te borg.

Die Roodts se plaas, waar 'n ouma en haar twee

kleinkinders vermoor is, het hy later gekoop nadat die familie daar weg is. Daar, in 'n soort houthuisie, bewaar hy 'n besonderse versameling San-gebruiksvoorwerpe.

Sy bene is nog vol van die landmyn se metaalskerwe. "Ek het 'n papier as ek wil vlieg, dan – as daai ding (die metaalverklikker op 'n lughawe) afgaan – kan ek sê: "Hierso, gesertifiseerd. Dis die skrapnel.'"

En sy wonde gee hom nog las. Van hulle gaan gereeld oop, en een stuk skrapnel wat in die tibia van sy regterbeen sit, veroorsaak nog soms bloedvergiftiging.

Maar Reinhard Friederich, derdegenerasie-Duitswester, lóóp. So sterk soos 'n kameeldoringboom.

H.P. Ferreira het al 'n slag vir hom op die plaas kom kuier. Maar kaptein Ollewage (dit was haar nooiensvan), wat destyds by die hospitaal so goed vir hulle gesorg het – hy sal haar darem ook graag weer wil sien. As sy net met hom kan kontak maak.

Danger

Op 2 Desember 2009 het Danger Ashipala, die meesterbrein agter die PLAN-hinderlaag op Bravo in 1982, weer by die watergat in Elundu gestaan waar hy in 1978 'n goed beplande aanval uitgevoer het met een doel: om 'n Suid-Afrikaanse soldaat lewend na Angola weg te voer.

Saam met hom by die watergat was daardie Suid-Afrikaanse soldaat skutter Johan van der Mescht.

Ná 'n lang rit saam in 'n bakkie van Windhoek af het die twee mans by die watergat in verskillende rigtings gestap terwyl die gewelddadige kykweer van daardie nag in hul koppe afgespeel het. Ná 'n ruk het hulle na mekaar toe gestap en mekaar die hand gegee.

Eers tóé het Johan se vrou, Cheryl, en hul dogters,

Chantal en Nadia, nader gekom en die gesin het mekaar in 'n stywe bondel vasgehou.

Johan het een brandende vraag vir Danger gehad: "Hoekom?"

"Vir propaganda," het Danger geantwoord. "Ons wou wys ons kan 'n Boer vang."

Nes SWAPO met sy jaarlikse "Winterspele" tydens die Bosoorlog wou wys hy kan die plaasboere ver suid van die Angolese grens seermaak ...

Ruben Danger Ashipala het in 2010 op 62-jarige leeftyd aan natuurlike oorsake gesterf en 'n heldebegrafnis gekry. Met sy aftrede in 2007 was hy 'n adviseur van die Namibiese kommissaris van polisie.

Dit was die historikus, skrywer en oudsoldaat Louis Bothma en die dokumentêre rolprentmaker Rina Jooste wat Danger en Johan herenig het – en daardeur vir Johan gehelp het om vrede te vind. Die verhaal van hul herontmoeting word vertel in die dokumentêre video *Captor and Captive*.

Omuthyia, Roland en ander

Van Tsumeb af het die konvooi bakkies noordwaarts gery, aan die oostekant van Etosha verby, deur die Oshivelo-hek waar die Bravo-kaplyn en die Rooilyn nou weer net die ou bek-en-klouseer-grens is, toe skerp links van die teerpad af.

Die wagkamer by die ingang na Omuthiya was 'n bouval oortrek met die "min dae"-graffiti van dekades gelede. Die groot sinkloodse waar die Ratels gerus het, is weg. Die troepemenasie, offisiersmenasie, HK, koffiekroeg, kantien, werkswinkels, store, badkamers – weg. Net verbrokkelde mure soos gebreekte tande in die sand.

Rye sementvloere verklap waar die tente gestaan het

waarin derduisende jong mans – eintlik nog seuns – briewe aan hul ma's en meisies geskryf het en gedroom het van 'n Datsun SSS koop met hul *danger pay*, of met 'n mengsel van vrees en opwinding gepraat het oor die dag wanneer hulle noordwaarts sou ry in opgebomde Ratels.

Daar sou 'n dag gewees het toe hulle vroegoggend, voor dagbreek, op die donker paradegrond in 'n stywe bondel gehurk het terwyl die kapelaan bid en hulle die luierende dieselenjins van die Ratels in hul mae soos 'n lewende dier voel vibreer het.

Party van hulle sou nooit terugkeer nie.

Op die podium langs die paradegrond, waar Roland die saluut van sy nuwe eenheid aanvaar het, het iemand met twee regop houtpale, lyn en verroeste blikkies 'n stel doelpale geprakseer.

In die hart van die basis, waar Johan Dippenaar 'n swart naald van graniet laat verrys het om 61 se dooies naby te hou, was daar net 'n sementsirkel oor.

Omuthiya behoort nou aan die handjievol plaaslike mense wat hul hutte van pale en gras tussen die kaalgepikte beendere van die basis kom oprig het. Hul donkies en boerbokke is lui skildwagte onder Ovamboland se skelwarm son.

Roland het in Januarie 1983 die bevel van sy geliefde 61 Meg oorgegee en sy vriende en kamerade van Tsumeb en Omuthiya gegroet. Tsumeb, waar sy paadjie van dié van sy eerste vrou geskei het. En Omuthiya, waar hy sy toekomstige vrou, Henriëtte, ontmoet het. In Augustus 2012 het veterane van 61 Meg en hul gesinne saamgetrek by die Oorlogsmuseum in Johannesburg. Daar, waar 61 se swart naald nou op 'n ereplek staan, is daar soos elke jaar 'n kranslegging gehou en ou vriendskappe versterk. In Augustus 2012 is Operasie Yahoo van 1982 spesifiek herdenk.

In die voorste ry stoele het Dave Keyser en oom Lukas Nel langs Roland en sy vrou, Henriëtte, gesit. Ook Andy het sy plek agter die toonbank van Weyand's verlaat om die vegtende boere van Tsumeb met 'n minibussie Johannesburg toe te bring.

Die *Band of Brothers* was weer bymekaar.

Later, in die museum se konferensiesaal, het Jan Malan gepraat oor die hinderlaag op Bravo, oor Daantjie en Izak en Jan Kaka en sy eie 61-troepe van die Ratel met die roepsein 12A.

En oor hoe dit Pompie was wat daardie dag op sy radioberigte van die hinderlaagtoneel af gereageer het, die name van die gesneuweldes afgeneem het. Hoe sterk sy was, enduit.

Agter Jan was 'n groot projektorskerm. En op die skerm was 'n groot foto van Pompie, getrou op haar pos agter die radio.

Bedankings

Daar is te veel mense om te bedank. Jammer as ek jou vergeet!

Dankie aan:

Annie Olivier en almal by Tafelberg vir hul geduld en vertroue.

Die stoere ooms en tantes van Tsumeb vir hul gasvryheid tydens ure van onderhoude. Ook Pompie se dogters, Riana en Olivia, en natuurlik Izak.

Roland de Vries vir sy vriendskap, toegang tot sy persoonlike herinneringe en sy lieflike huis op Plettenbergbaai om in te skryf.

Andy Weyand vir die gebruik van sy huis en Weyand Winkel, die sosiale hart van Tsumeb, as basis.

My vrou, Yvonne, en seun, Sebastian, vir hul vergewendheid.

Ditto almal by *Huisgenoot* wat my vloermoere verduur en anderpad gekyk het terwyl ek geskryf het.

Laastens, maar glad nie die minste nie, dankie vir die leser-tannie wat in 'n kritieke stadium gesê het: "Daardie Deon Lamprecht mag maar skryf!" Tannie, jy's die beste.

* 9 7 8 0 6 2 4 0 7 5 2 4 0 *